U0731330

21 世纪高职高专物流管理专业实用规划教材

物 流 概 论

陈 玲 主 编

金 爽 副主编

清华大学出版社

北 京

内 容 简 介

本书主要介绍了物流基础知识、物流系统及其构成、物流服务与物流质量管理、物流成本管理、物流技术及其装备、第三方物流与第四方物流、物流标准化、供应链管理概述等内容,同时还结合每章内容,精心设计了扩展阅读、同步测试和项目实训等环节,使学习与实践紧密结合,有利于学生综合素质的培养和职业技能的提高,也有利于满足学生就业和企业用人的实际要求。

本书内容全面、结构严谨、资料翔实、形式新颖,可作为高职高专物流管理等相关专业的教学用书,也可供在职人员学习参考。

本书封面贴有清华大学出版社防伪标签,无标签者不得销售。

版权所有,侵权必究。侵权举报电话:010-62782989　13701121933

图书在版编目(CIP)数据

物流概论/陈玲主编. —北京:清华大学出版社,2016
(21世纪高职高专物流管理专业实用规划教材)
ISBN 978-7-302-44165-6

Ⅰ. ①物… Ⅱ. ①陈… Ⅲ. ①物流—高等职业教育—教材 Ⅳ. ①F252

中国版本图书馆 CIP 数据核字(2016)第 148573 号

责任编辑:吴艳华
封面设计:杨玉兰
责任校对:王　晖
责任印制:刘海龙

出版发行:清华大学出版社

　　　　　网　　　址:http://www.tup.com.cn, http://www.wqbook.com
　　　　　地　　　址:北京清华大学学研大厦 A 座　　邮　　编:100084
　　　　　社 总 机:010-62770175　　　　　邮　　购:010-62786544
　　　　　投稿与读者服务:010-62776969, c-service@tup.tsinghua.edu.cn
　　　　　质量反馈:010-62772015, zhiliang@tup.tsinghua.edu.cn
　　　　　课件下载:http://www.tup.com.cn, 010-62791865

印 装 者:三河市中晟雅豪印务有限公司
经　　销:全国新华书店
开　　本:185mm×230mm　　印　张:12.5　　字　　数:240 千字
版　　次:2016 年 8 月第 1 版　　　　　印　　次:2016 年 8 月第 1 次印刷
印　　数:1~2000
定　　价:28.00 元

产品编号:065871-01

前　言

本书结合教育部关于高职高专教育的定位及人才培养方案的要求确立课程体系，强调理论学习与实际应用的结合，突出了以培养学生应用能力为主线的高职教育特征，具有高职教育的课程特色。具体体现在以下几个方面。

1. 注重理论知识的系统性和前瞻性

本书遵循"实用为主，必须、实用、够用和管用为度"的原则，根据物流实务的学科特点构建知识体系。以物流基础知识、物流系统及其构成、物流服务与物流质量管理、物流成本管理、物流技术及其装备、第三方物流与第四方物流、物流标准化、供应链管理概述等内容为基本框架，吸收业界的最新研究成果，体现了"以就业为导向、以能力为本位、以学生为主体"的方向，有利于教学、学习和实践。

2. 遵循教与学的客观规律进行内容设计

本书每章包括学习目的与要求、引导案例、知识要点、本章知识结构图、扩展阅读、同步测试、项目实训七大板块，并适当配以图表，表述内容翔实、形式新颖、图文并茂，增加了教材的生动性和可读性，有利于提高学生的阅读兴趣和自主学习能力。

3. 注重理论与实践的统一

本书各章都有引导案例并做了深入浅出的分析，融入情景实训，以行为示范引导学生对理论知识的学习和掌握，突出了教材的专业性、应用性和实践性，有利于学生动手动脑、固化知识、增强能力。

参加本书编写的人员是具有多年教学经验、具备丰富从业经验的专业教师。在编写的过程中，我们还聘请了多名教学、科研和企业方面的专家予以指导和审定，力求使本书成为融行业理论知识、实践技能和教育教学"三位一体"的高质量教材。

本书由天津滨海职业学院陈玲副教授担任主编，辽宁医药职业学院金爽担任副主编，辽宁技师学院王欣和辽宁医药职业学院孟慧明担任参编，具体分工如下：陈玲编写第五章、第八章，金爽编写第一章、第二章、第六章和第七章；金爽和王欣编写第三章；孟慧明编写第四章，全书最后由陈玲统稿和审校。

本书编写过程中参考了大量国内外书刊和业界的研究成果，在此向各方表示衷心的感谢。

由于作者水平有限，书中难免存在纰漏和不足之处，敬请各位专家和读者匡正。

编　者

前　言

目　　录

第一章　物流基础知识

【学习目的与要求】

● 掌握物流的含义及分类；

● 掌握物流的发展历程以及物流经典学说；

● 熟悉我国物流的发展历程和现状。

【引导案例】

北京市已经完成了"北京市综合物流系统规划研究"；沈阳在"十五"规划中全方位融入现代物流；作为华北和环渤海地区重要的经济中心的天津市，把发展物流作为调整经济结构的重要措施，并编制了《天津市现代物流发展纲要》；作为全国经济中心、贸易中心、金融中心以及航运中心的上海市，在《上海市国民经济和社会发展第十个五年计划纲要的报告》中，把现代物流同生物医药、新材料、环境保护列为上海市四大新兴产业，并编制了《上海市现代物流发展规划》；深圳市则把现代物流与高新技术和金融并重，作为跨世纪经济发展目标的三大支柱产业之一，并委托美国盖兰德公司作了《深圳现代物流发展策略及交通运输相关政策研究》的咨询报告；山东省政府由省经委牵头，选择一批大型工商企业进行试点，总结经验，逐步推广，从启动工商企业的物流需求入手，把优化企业物流管理作为优化产业结构和经济高效运行的战略措施，重组企业物流系统，改变传统物流运作模式，创造物流服务产业化的社会基础条件，同时培育物流企业，提供物流服务，逐步满足工商企业对物流服务的需求，这些举措已取得了明显收益，并涌现出了一批企业物流管理先进典型。

(资料来源：曹文琴，甘卫华. 特区经济《城市物流规划中的物流需求预测》)

思考：

结合案例，谈谈政府为什么要发展现代物流？

【知识要点】

一、物流概论

(一)物流的含义

1. 物流的基本概念

物流学自产生起就凭借其强大的生命力飞速发展，一直以来，都为人们高度关注。现如今，伴随着电子商务的浪潮，物流也迎来了发展的新时代，物流的发展将成为我国经济发展必不可少的推动力，同时也将更好地为电子商务的发展提供坚实的支持。

我国从国外引进物流的概念始于 20 世纪 70 年代末期，现如今经过 30 多年对物流的研究和实践，人们对物流的理解也从懵懂到如今的熟悉，但是由于国内外各界对物流的定义各不相同，所以很多人都没有对物流有一个明确的定义。

2001 年 4 月 17 日，国家质量技术监督局在批准颁布的《中华人民共和国国家标准——物流术语》(以下简称《物流术语》)中给出了我们现在普遍接受并使用的物流定义："物流是指物品从供应地向接收地的实体流动过程。根据实际需要，将运输、储存、装卸、搬运、包装、流通加工、配送、信息处理等基本功能实施有机结合(见图 1-1)。"

| (a) 运输 | (b) 储存 | (c) 装卸 | (d) 搬运 |

| (e) 包装 | (f) 流通加工 | (g) 配送 | (h) 信息处理 |

图 1-1　物流的基本功能

这一概念突出强调了物流的八项基本功能要素。随着物流的发展，相信物流的定义也会随之更新，但就目前来看，这一概念被普遍接受。

2. 物流的价值

物流主要创造了时间价值和空间价值。

1）时间价值

物流在从供应者到需求者之间的时间差内创造的价值被我们称为时间价值。时间价值的获得方式主要有以下三种方式。

(1) 缩短物流时间，创造时间价值。通过运用良好的物流技术和物流管理方法，来尽量缩短物流的时间，达到减少物流损失、降低物流消耗、加速资本流转的目的，一般表现为资本的增值速度快，节约资金。

(2) 弥补时间差，创造时间价值。供需之间的时间差一直以来都存在，季节性生产常年销售和常年生产季节性销售的情况比比皆是。比如粮食，通常是集中生产出来以后，人们天天对它都有需求。如果没有及时地安排粮食的去处，那么在粮食产出旺季的时候，除了可以消耗掉的那部分外，就将有另一部分腐坏；但是当不是粮食生产季节，人们就会找不到粮食，从而挨饿。物流可以通过改变供需之间的时间差来实现物流的时间价值。

(3) 延长时间差，创造时间价值。虽然不是经常见到但是也存在一种特殊情况，就是在某些具体物流活动中能动地延长物流时间，比如等待共同配送就是一种有意识地延长时间差来创造时间价值。

2）空间价值

供给者和需求者之间处于不同的场所，由于改变这一场所的差别所创造的价值，被我们称为空间价值。物流在从供应者到需求者之间的空间差是物流发生的一个主要原因，正是因为需求者和供应者之间存在着距离，我们才需要进行物品的流动。空间价值的获得方式主要有以下三种方式。

(1) 商品或原材料、半成品从集中生产地向分散需求地流动所创造的价值。很多商品的生产厂商都通过规模生产来提高生产效率从而降低成本，但是产品往往不会在生产产地直接进行销售，而是通过运输或配送等方式流动到其他地区的需求者手中。厂家通常都会采取这种通过集中生产、分散销售获得高额的利润。比如服装，通常都在江浙、广州一带小范围集中生产，而销售地却遍布全国甚至国外。

(2) 商品或原材料、半成品从分散生产场地流入集中需求场地所创造的价值。这一种方式与第一种类型刚好相反，生产地遍布各地，而销售地却比较集中于某一个范围或很小的区域。比如粮食的产地一般分散于各地，但是销售地却集中在大中城市。

(3) 附加价值所创造的价值。现代物流区别于传统物流的一个重要特征就是根据不同的客户需求而提供差别化的服务，其中附加价值的创造更是提供差别化服务的关键。例如，流通加工，不是在生产地的复杂的精细加工，而是发生在流通过程中的简单的粗加工，创造的附加价值，这种价值的产生也是发生在场所变化中。

(二)物流的分类

物流活动存在于各类经济领域，不同的经济领域下，物流的表现形式、结构、特征等均存在很多差异。从不同的角度分析，物流分类方法有很多。

1. 从空间活动角度来划分

从空间活动角度来看，物流可以分为国际物流、国内物流、区间物流和区内物流，如图 1-2 所示。

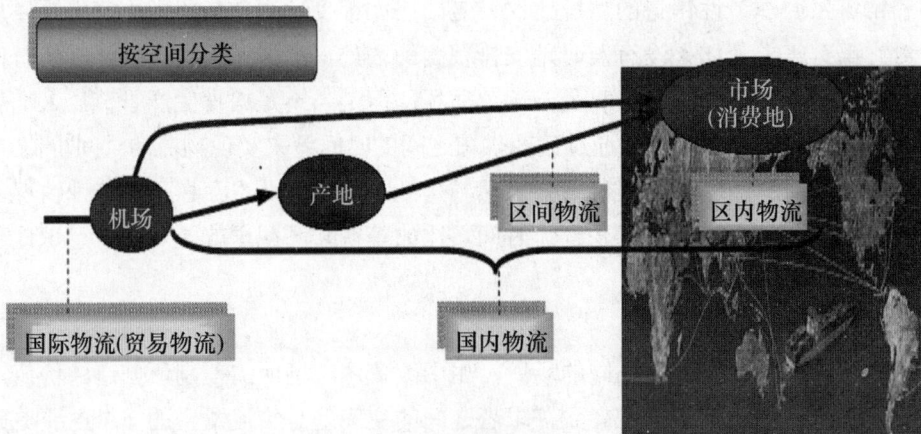

图 1-2　空间角度的物流分类

1)　国际物流

国际物流是指世界各国(或地区)之间，由于进行国际贸易而发生的商品实体从一个国家(或地区)转移到另一个国家(或地区)的物流活动。国际贸易的发展促进了物流国际的发展，同时国际贸易的发展也离不开相应的国际物流的支撑。国际物流需要国际间的良好协作，同时也需要国内各方面的重视和参与，所以相对国内物流而言，国际物流要更为复杂。

2)　国内物流

国内物流是指为了国家的整体利益，在国家自己的领地范围内开展的物流活动。国内物流作为国民经济的一个重要方面，应该纳入国家总体规划的内容。

3)　区间物流

区间物流，又称区域物流，是区域经济的重要组成部分。区域物流是指全面支撑区域可持续发展总体目标而建立的适应区域环境特征，提供区域物流功能，满足区域经济、政治、自然、军事等发展需要，具有合理空间结构和服务规模，实现有效组织与管理的物流活动体系。区域物流主要由区域物流网络体系、区域物流信息支撑体系和区域物流组织运作体系组成。近几年来，在我国区域经济发展比较迅速的地区，政府部门已经认识到发展现代物流对于提高地区经济整体竞争力有着深远的战略意义，并已着手研究和制定有关物流规划与政策。

4）　区内物流

区内物流，又称地区物流，是指在一国疆域内，根据行政区域或地理位置划分的一定区域内的物流。所谓地区，有不同的划分原则：首先，按行政区域划分，我国可以划分为东北、华北、西北、西南、华南、华东、华中等区；按省区来划分，可划分为北京、重庆、宁夏等30多个省、直辖市和自治区。其次，按经济圈划分，如苏锡常经济区等；按地理位置划分，如长江三角洲地区、河套地区、环渤海地区、珠江三角洲地区等。地区物流系统对于提高该地区企业物流活动的效率、保障当地居民的生活福利环境具有不可缺少的重要作用。研究地区物流应根据本地区的特点，从本地区的利益出发组织物流活动。例如，一个地区如果计划建设一个新的大型的物流中心，那么除了会提高当地的物流效率和降低物流成本之外，我们也应考虑到供应点集中会不会带来一系列的交通问题。因此，物流中心的建设不仅仅是物流一个要素的问题，还要从城市建设规划、地区开发计划等综合因素考虑，妥善处理安排。

2. 从性质角度来划分

从性质角度来看，物流可以分为社会物流、行业物流和企业物流。

1）　社会物流

社会物流一般是指流通领域内所发生的物流，是全社会物流的整体，因此有人也称它为大物流或宏观物流。社会物流把伴随商业活动的发生而发生作为一个标志，也就是说，社会物流是与物流过程、所有权的变更相关的物流。

2）　行业物流

行业物流是指在一个行业内部所发生的物流活动。同一行业中的企业虽然在市场上是竞争对手，但是在物流领域中却通常也是互相合作的关系，参与到物流系统内的所有企业都会得到相应的利益。例如，在日本建设机械行业，提出行业物流系统化的具体内容有：各种运输手段的有效利用；建设共同的零部件仓库，实行共同集货和共同配送；建立新旧车设备及零部件的共同流通中心；建立技术中心，共同对操作人员和维修人员进行培训；统一建设机械的规格等。又比如，在大量消费品方面提出采用统一的发票、统一的商品规格、统一的法规政策、统一的托盘规格、模数化的陈列柜和包装等。

3)　企业物流

企业物流是指企业内部的物品实体流动。它是从企业的角度研究与之有关的物流活动，是具体的、微观的物流活动的典型领域。在这近 40 年的时间里，几乎每 10 年企业物流理念就会得到一次极大的更新与充实。从本质上说，企业物流是企业的产品或服务的一种存在与表现形式。现代企业物流是一个挑战与机遇共存的领域，企业物流几乎贯穿了企业的整个运营过程。概括地说，企业物流包含采购、运输、仓储、装卸搬运、生产计划、订单处理、包装、客户服务以及存货预测等若干项功能，它是一个综合管理的过程。

3. 从物流研究范围角度来划分

从物流研究范围角度来看，物流可以分为宏观物流、中观物流和微观物流。

1)　宏观物流

宏观物流是指从社会再生产总体角度认识和研究的物流活动。宏观物流活动的参与者是大产业、大集团，宏观物流研究的是社会再生产总体物流，研究产业或集团的物流活动和物流行为。宏观物流还可以从空间范畴来理解，在很大空间范畴的物流活动，往往带有宏观性。宏观物流也指物流全体，从总体考察物流而不是从物流的某一个构成环节来考察物流。因此，在物流活动中，社会物流、国民经济物流、国际物流等若干物流应属于宏观物流。宏观物流研究的主要特点是综观性和全局性的。宏观物流主要研究内容包括物流的总体构成、物流在社会中的地位、物流与经济发展的关系、社会物流系统和国际物流系统的建立和运作等。

2)　中观物流

中观物流是社会再生产过程中的区域性物流，即可以理解为中观物流是从区域上的经济社会的角度来认识和研究物流的。从空间位置来看，一般是较大的空间。比如，一个国家的经济区的物流，即特定经济区物流；一个国家的城市经济社会的物流，即城市物流等。

3)　微观物流

微观物流是指消费者、生产者、流通企业所从事的实际的、具体的物流活动。此外，在整个物流活动中的一个局部、一个环节的具体物流活动也属于微观物流的范畴。再有，在一个小地域空间发生的具体的物流活动也属于微观物流。针对某一种具体产品所进行的物流活动也是微观物流。我们经常涉及的微观物流活动包括：企业物流、生产物流、供应物流、销售物流、回收物流、废弃物物流、生活物流等。微观物流研究的是具体的和局部的物流。因此，微观物流是更贴近于具体企业的一种物流。

4. 从物流过程和作用角度来划分

从物流过程和作用角度来看，物流可以分为供应物流、生产物流、销售物流、回收物流和废弃物流，如图 1-3 所示。

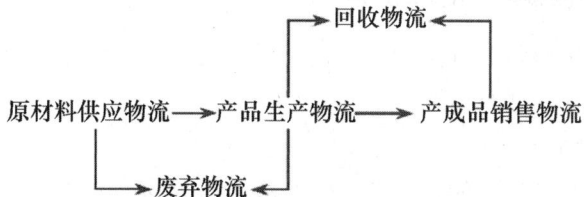

```
                    ┌──→ 回收物流 ←──┐
                    │                │
原材料供应物流 ──→ 产品生产物流 ──→ 产成品销售物流
        │                        │
        └──→ 废弃物流 ←───────────┘
```

图 1-3　制造企业物流的分类

1)　供应物流

供应物流又称采购物流，是指生产企业、流通企业或用户购入原材料、零部件或商品的物流过程。也可以看成是物资生产者、持有者到使用者之间的物流。对于制造企业而言，是指对于生产活动所需要的原材料、燃料、半成品等物资的采购、供应等活动所产生的物流；对于流通企业而言，是指交易活动中，从买方角度出发的交易行为中所发生的物流。采购物流还应该包括从销售点回收或者采购产品包装用的容器以及可以重复使用的材料的回收物流。

2)　生产物流

生产物流是指从工厂的原材料购进入库起，直到工厂成品库的成品发送为止，这一全过程所发生的物流活动。生产物流是制造企业所特有的，它和生产流程同步。所采购的原材料、半成品按照工艺流程在各个加工点不停顿地移动、流转形成了生产物流，既包括了原材料、零部件放入仓库保管并在生产时及时出库到生产现场，又包括了生产出产品后在物流中心、厂内或其他工厂仓库的物流活动，还包括了物流中心和工厂的仓库对商品进行必要的运输包装和流通加工。如果生产物流发生中断，生产过程也将随之停顿。

3)　销售物流

销售物流是指生产企业、流通企业将生产的商品或产品售出到用户或消费者手中这一过程中所发生的物流过程。销售物流包括将生产的商品送到外单位仓库的运输和配送。

4)　回收物流

回收物流是指不合格物品的返修、退货以及伴随货物运输或搬运中的包装容量、装卸工具及其他可再用的旧杂物等，经过运输、回收、验收、分类、再加工、使用的流动过程。

5)　废弃物流

废弃物流是指将经济活动中失去原有使用价值的物品，根据实际需要进行收集、分类、

物流概论

加工、包装、搬运、储存等，并分别送到专门处理场所时所形成的物品实体流动。它仅从环境保护的角度出发，不管对象物是否有价值或利用价值，而将其妥善处理，以免造成环境污染。

5. 从物流所涉及的领域角度来划分

按照物流所涉及的领域角度来看，物流可以分为军事领域的物流、生产领域的物流、流通领域的物流和生活领域的物流。

1) 军事领域的物流

军事领域的物流是指用于满足军队平时与战时需要的物流活动。军事领域的物流概念是现代物流概念的来源之一。在军事上，物流是支持战争的一种后勤保障手段，军用物资是伴随战争和战场的转移而转移的。最初的军事物流活动本身完全不是经济活动，所以，经济活动的"物流"完全不同于军事物流。近年来，随着军事科学的发展，军事物流已被纳入军事经济系统之中。尤其在和平时期，"经济性"的比重正在加重。因而军事领域的物流又出现了新特点，使其外延不但涉及政治、军事，而且也必然涉及分配、调度及各种购销活动。

2) 生产领域的物流

对于物流的研究并非始于流通领域，而是始自生产领域，是以生产企业为中心形成对物流系统的认识。无论在传统的贸易方式下，还是在电子商务下，生产都是流通之本，而生产的顺利进行需要各类物流活动支持。生产的全过程从原材料的采购开始，便要求有相应的供应物流活动，并将所采购的材料组织到位，否则，生产就难以进行；在生产的各工艺流程之间，也需要原材料、半成品的物流过程，即所谓的生产物流，以实现生产的流动性；部分余料、可重复利用的物资的回收，就需要所谓的回收物流；废弃物的处理则需要废弃物流。可见，整个生产过程实际上就是系列化的物流活动。合理化、现代化的物流，通过降低费用从而降低成本、优化库存结构、减少资金占压、缩短生产周期，保障了现代化生产的高效进行。

3) 流通领域的物流

物流与流通领域有天然不解之缘，流通领域的物流是典型的经济活动，这个经济活动的重要特点是：购销活动、商业交易、管理与控制等活动与物流活动密不可分。在网络化时代，电子商务发展迅速，由此产生的企业对企业(B to B)、企业对消费者(B to C)的电子交易行为必然产生大量的商品实体的物理性的位移，使物流主体更趋向于流通领域。

4) 生活领域的物流

在生活消费领域也存在着物流活动，这种物流活动对支撑日常的生活是不可少的，也是使生活更为科学化，并创造一个良好的生活环境，保证现代化生活节奏不可少的组成部分。现在随着企业对消费者(B to C)的调子商务的开展，物流进入个人生活领域将成为现代物流越来越重要的组成部分。

6. 从物流作业执行者的角度来划分

从物流作业执行者的角度来看，物流可以分为企业自营物流和第三方物流。

1) 企业自营物流

企业自营物流是指生产制造企业自行组织的物流。一般来说，工业企业自营物流包含三个层次。

(1) 物流功能自备。就如同我们在传统企业中看到的那样，企业自备仓库、自备车队等，拥有一个自我服务的体系。物流功能自备其中又包含两种情况：一是企业内部各职能部门彼此独立地完成各自的物流使命；二是企业内部设有物流运作的综合管理部门，通过资源和功能的整合，专设企业物流部或物流公司来统一管理企业的物流运作。

(2) 物流功能外包。一是将有关的物流服务委托给物流企业去做，即从市场上购买有关的物流服务，如由专门的运输公司负责原料和产品的运输；二是物流服务的基础设施为企业所有，但委托有关的物流企业来运作，如请仓库管理公司来管理仓库，或请物流企业来运作管理现有的企业车队。从产业进化的角度来看这是一个进步。

(3) 物流系统组织。企业自己既不拥有物流服务设施，也不设置功能性的物流职能部门，而是通过整合市场资源的办法获得相应的物流服务。物流服务包括供应链的设计、物流服务标准的制定、供应商和分销商的选择等，直至聘请第三方物流企业来提供一揽子的物流服务。

2) 第三方物流

第三方物流的概念源自于管理学中的"out-souring"，意指企业动态地配置自身和其他企业的功能和服务，利用外部的资源为企业内部的生产经营服务；将外包服务引入物流管理领域，就产生了第三方物流的概念。

所谓第三方物流是指生产经营企业为集中精力致力于核心业务，把原来属于自己处理的物流活动，以合同方式委托给专业物流服务企业，同时通过信息系统与物流企业保持密切联系，以达到对物流全程管理控制的一种物流运作与管理方式。

第三方物流是相对"第一方"发货人和"第二方"收货人而言的。它既不属于第一方，也不属于第二方，而是通过与第一方或第二方的合作来提供其专业化的物流服务，它不拥有商品，不参与商品的买卖，而是为客户提供以合同为约束、以结盟为基础、系列化、个性化、信息化的物流代理服务。

随着信息技术的发展和经济全球化趋势，越来越多的产品在世界范围内流通、生产、销售和消费，物流活动日益庞大和复杂，而第一、二方物流的组织和经营方式已不能完全满足社会需要；同时，为参与世界性竞争，企业必须确立核心竞争力，加强供应链管理，降低物流成本，把不属于核心业务的物流活动外包出去。于是，第三方物流应运而生。最常见的第三方物流服务包括设计物流系统、EDI 能力、报表管理、货物集运、选择承运人、货代人、海关代理、信息管理、仓储、咨询、运费支付、运费谈判等。由于服务业的方式一般是与企业签订一定期限的物流服务合同，所以有人称第三方物流为"合同契约物流"。

二、物流科学的形成与发展

(一)物流的发展历程

20 世纪初物流的概念被提出，具体发展历程按年份可以总结如下。

1901 年，格罗威尔在美国政府的《工业委员会关于农场产品配送的报告》中第一次论述了对农产品配送成本产生影响的各个因素，人们开始认识物流。

1905 年，美国少校琼斯·贝克(Chauncey Baker)认为，"与军备的移动与供应相关的战争的艺术的分支就叫物流"。

在第一次世界大战的 1918 年，英国联合利华公司的利费哈姆勋爵成立了"即时送货股份有限公司"。公司的宗旨是在全国范围内把商品及时送到批发商、零售商以及用户的手中。这一举动被以后的一些物流学者誉为"有关物流活动的早期文献记载"。

1921 年，美国经济学家阿奇·萧在《市场流通中的若干问题》一书中提出"物流是与创造需求不同的一个问题，销售过程的物流指的是时间和空间的转移"，并提出"物资经过时间或空间的转移，会产生附加价值"。此时的物流指的是销售过程中的物流，是为了配合销售而进行的相关运输与仓储活动。

1922 年，克拉克(F.E.Clark)在《市场营销原理》中将市场营销定义为："影响商品所有权转移的活动和包括物流的活动。"

1935 年，美国销售协会对当时还称为实体配送的物流概念进行了定义："实体配送是指包含于销售之中的物质资料和服务在从生产地点到消费地点流动的过程中，所伴随的种种经济活动。"这是关于物流最早的定义，它将物流作为销售过程中的一个环节看待，强调了与产品销售有关的输出物流，没有包括输入物流的环节。

第二次世界大战后，美国的《韦勃斯特大词典》在 1963 年把军事后勤理论定义为："军事装备物资、设施与人员的获取、供给和运输"。西方国家经济进入大量生产与大量销售时期，为了解决流通成本上升，后勤学理论开始成为一门学科，并开始被引入到工业以及商品领域，被人们称为"工业后勤"和"商业后勤"，实体配送的概念也逐渐被物流取代。这门新学科成立的标志是物流系统概念的提出，它提出运输、仓储、装卸搬运等物流活动具有共同的特性，是为了改变物资的空间状态和时间状态，同属于一个大的系统的子系统，存在相互制约和相互关联的关系。

20 世纪 50 年代中叶，日本在经济恢复时期十分重视西方科技的学习。1956 年，日本生产性本部向美国派出了"搬运专业考察团"，此举对日本未来物流的发展起到了积极的推动作用，尤其是 20 世纪 60 年代正式引入了"物流"这一概念。物流概念通常用的是"Physical Distribution，P.D"一词，日本学者把其称为"物的流通"或"实物流通"。日本通商产业省物流调查会将之定义为："物流是制品从生产地到最终消费地的物理性转移活动，具体是由包装、装卸、运输、保管以及信息等活动组成。"日本通商产业省运输综合研究所认为："物流是从卖方到买方的场所转移过程。"

20 世纪 60 年代，日本著名学者平原直(1902—2001 年)提出用"物流"一词代替"物的流通"，此后"物流"一词迅速被广泛使用，平原直因此也在日本被称为"物流之父"。

1960 年，美国物流管理协议会(NCPDM)对 P.D 定义为："P.D 是把完成品从生产线的终点有效地移动到消费者手里的广范围的活动，有时也包括从原材料的供给源到生产线的始点的移动。"

1963 年，美国物流管理协会(NCPDM)将物流管理定义为："为计划、执行和控制原材料、在制品及制成品从起源地到消费地的有效率的流动而进行的两种或多种活动的集成。这些活动包括顾客服务、需求预测、交通、库存控制、物料搬运、订货处理、零件及服务支持、工厂及仓库选址、采购、包装、退货处理、废弃物回收、运输、仓储管理。"

1976 年，美国国家物流管理委员会在物流管理中指出："物流活动包括但不局限于为用户服务、需求预测、销售情报、库存控制、物料搬运、订货销售、零配件供应、工厂及仓库选址、物资采购、包装、退换货、废物利用及处置、运输及仓储等。"

1985 年，美国物流管理协会将物流管理定义修改为："以满足客户需求为目的，对货物、服务以及相关信息从供应地到消费地的高效率、低成本流动和储存而进行的计划、实施和控制过程。"同年，加拿大物流管理委员会对物流的定义为："物流是对原材料、在制品库存、产成品及相关信息从起源地到消费地的有效率的、成本有效益的流动和储存进行计划、执行和控制，以满足顾客要求的过程，该过程包括进向、去向和内部流动。"

1994 年，欧洲物流协会对物流的定义为："物流是一个系统内对人员及商品的运输、安排及与此相关的支持活动的计划、执行与控制，以达到特定的目的。"

1998 年，美国物流协会对物流的定义随着市场竞争的加剧以及企业运营理念的变化而修改为："物流是供应链(Supply Chain，生产及流通过程中，由上游与下游企业共同建立的

物流概论

网链状组织)流程的一部分,是为满足客户需求而对货物、服务及相关信息从原产地到消费地的高效率、高效益的正向和反向流动及储存而进行的计划、实施和控制过程。"这个定义从整个供应链管理的角度强调了物流是供应链的一个组成部分。

从上述介绍的物流概念中,我们可以看出不同时代不同国家对物流概念的理解是不同的,但是他们反映出的物流内涵大致相同。总体来看,物流的产生和发展经历了五个阶段:产生以前的未明确期、物流科学萌芽期("二战"后期后勤理论被应用并系统研究)、物流科学形成期、物流科学发展期、供应链管理时代。

(二)经典物流学说

1. 黑大陆学说

著名的美国管理学权威彼得·德鲁克于 1962 年在论文《财富》中曾经讲过:"流通是经济领域里的黑大陆",德鲁克泛指的是流通。但是,由于当时流通领域中物流活动的模糊性,以及物流在流通领域中最具潜力,所以,"黑大陆"说法现在主要针对物流而言。

2. 物流冰山说

冰山学说是由日本早稻田大学西泽修教授提出来的。他在潜心研究物流成本时发现,现行的财务会计制度和会计核算方法都不可能掌握物流费用的实际情况,因而人们对物流费用的了解是一片空白,甚至有很大的虚假性,他把这种情况比作"物流冰山"。冰山的特点是大部分沉在水面以下,是我们看不到的黑色区域,而我们看到的不过是它的一部分(见图 1-4)。事实证明,物流领域的方方面面对我们而言还是不清楚的,在冰山的水下部分正是物流尚待开发的领域,正是物流的潜力所在,如图 1-5 所示。

图 1-4 冰山

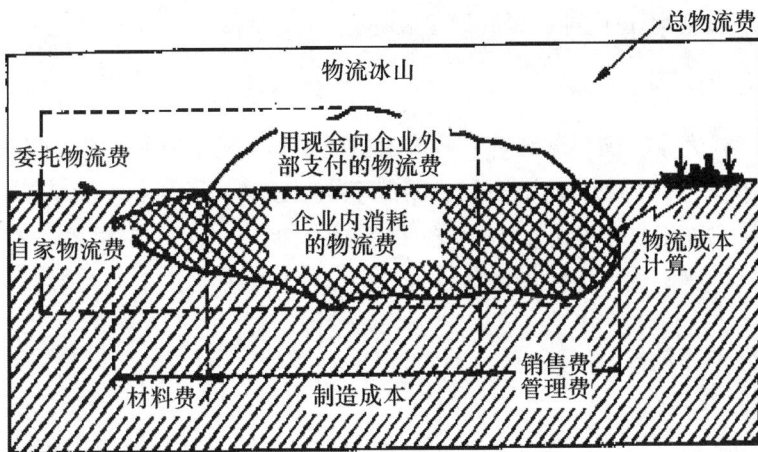

图 1-5　物流

3. 第三利润源说

"第三利润源"的说法主要出自日本，最早是由早稻田大学教授西泽修于 1970 年在其著作《物流——降低成本的关键》中提出的。"第三利润源"说的含义是，物流可以为企业提供大量直接和间接的利润，是形成企业经营利润的主要活动。对国民经济而言，物流也是国民经济中创利的主要活动。物流的这一作用，被表述为"第三利润源"。从经济发展历程来看，能够大量提供利润的领域主要有两个，第一个是通过降低人工和材料的成本，提高物流作业效率获得第一利润源泉；第二个是通过扩大市场销售来获得第二利润源泉。在这两个利润源潜力越来越小，利润开拓越来越困难的情况下，物流领域的潜力被人们所重视，按时间序列排为"第三利润源"，如图 1-6 所示。

工业时代	制造成本降低	第一利润源
市场营销时代	市场销售提高	第二利润源
物流时代	物流费用降低	第三利润源

图 1-6　第三利润学说

4. 成本中心说

成本中心说的含义是，物流在企业战略中，只对企业营销活动的成本发生影响，物流是企业成本的重要的产生点，因而，解决物流的问题，主要的并不是要搞合理化、现代化，并不在于支持并保障其他活动，而主要是通过物流管理和物流的一系列活动降低成本。所以，成本中心既是指物流是主要成本的产生点，又是指降低成本的关注点，物流是"降低成本的宝库" 等说法正是这种认识的形象表述。

5. 服务中心说

服务中心说代表了美国和欧洲等一些国家的学者对物流的认识,他们认为,物流活动最大的作用并不在于为企业节约了消耗、降低了成本或增加了利润,而是在于提高企业对用户的服务水平进而提高了企业的竞争能力。因此,他们在使用描述物流的词汇上选择了后勤一词,特别强调其服务保障的职能。通过物流的服务保障,企业以其整体能力来压缩成本和增加利润。

6. 效益背反说

效益背反说是物流领域中经常出现的普遍现象,是这一领域中内部矛盾的反映和表现。通常来说,是指物流的若干功能要素之间存在着损益的矛盾,既某一个功能要素的优化和利益发生的同时,可能会存在另一个或另几个功能要素的利益顺势,反之亦然,这是一种此涨彼消,此盈彼亏的现象。以包装问题为例,包装方面每少花一分钱,从表面上看这一分钱就必然转到收益上来,包装越省,利润则越高。但是,一旦商品进入流通之后,如果简省的包装降低了产品的防护效果,造成了大量损失,就会造成储存、装卸、运输功能要素的工作劣化和效益大减。物流学理论研究在不断寻求解决和克服各功能要素的效益背反现象,寻求物流的整体最优。

7. 战略说

战略说是当前非常盛行的一种说法。实际上学术界和产业界越来越多的人已逐渐认识到,物流更具有战略性,是企业发展的战略而不是一项具体操作性任务。应该说这种看法把物流放在了很高的位置。企业战略是什么呢?是生存和发展。基于战略说,企业不再追求物流的一时一事的效益,而是着眼于企业经营总体,着眼于企业长远发展,战略性的物流规划,战略性的技术开发是近几年国内物流现代化发展的重要表现.

三、我国的物流发展历程与现状

物流水平一定程度上代表了一个国家的经济发展程度,相对于日本独树一帜的成本物流、美国追求的高度自动化的物流、英国的综合物流体制等一些发达国家的物流特点,我国物流的发展历程和现状也带有着浓郁的中国特色。

(一)我国物流的发展历程

我国物流的发展大概经历了以下四个阶段。

1. 第一阶段，计划经济体制下的物流阶段(1949—1977 年)

新中国成立后，国家长期对生产资料和主要消费品实行计划生产、计划分配和计划供应。由于生产、流通和消费完全在计划经济体制下管理和运行，部门经济和条块分割造成的物流十分不合理，供销物资和外贸等流通部门完全按照计划储存和运输，分别建立了各自部门的供销公司、批发零售网点、储存运输队伍等，各自成为一个系统；交通、铁路、航空等专业运输部门各自拥有储运企业，经济发展完全靠计划安排，生产成为经济发展的主体，流通结构非常不合理、物流效率十分低下。当时我国处于工农业发展时期，还没有现代物流概念的引入。

2. 第二阶段，有计划的商品经济下的物流阶段(1978—1992 年)

党的十一届三中全会的胜利召开，在邓小平改革开放方针的引导下，我国全面推进经济体制改革，流通体制也随之发展深化，在这一阶段物流的概念开始进入了中国。

这个阶段具体来说可以分为以下几个过程。

(1) 1979—1984 年，按照计划与市场调节相结合的原则，改革长期以来全面统一管理的旧的体制，扩大市场的调节范围，重点调整了农副产品和日用工业品的计划管理体制，改变商品统一购买统一销售的制度，打破国有企业商业完全控制市场的固有局面，发展了计划购销、市场购销等多流通渠道和购销形式，初步形成多种经济成分和多种经营形式的流通格局。1979 年 5 月，中国物资经济学会代表团赴日本专门考察物流、参加国际物流会议，带回了物流的概念，并于 1984 年 8 月成立中国物流研究会。

(2) 1985—1987 年，全面改革了流通领域的企业和批发体制、价格和经营制度，围绕建立有计划的商品经济框架，扩大了企业经营的自主权利，促进了流通管理向市场经济的转变。

(3) 1988—1992 年，我国引进、启蒙和宣传普及物流阶段，也是物资流通企业快速走向市场阶段。国家大力发展多层次、多形式、多功能的商品批发交易市场，全面改革经营管理体制，大幅缩减计划管理商品的品种和数量，积极开展木材、平板玻璃、机电产品等的配送试点，大力投入物流基础设施，如港口码头、机场、铁路、货运枢纽等，物流的重要性开始逐步在各个领域逐步引起人们的重视，如外贸领域、交通领域、货代领域、商业领域等。1989 年 4 月，"第八届国际物流会议"在北京召开，首批物流专业书籍在全国出版发行，同时物流培训班、物流录像、物流电视讲座等形式的物流普及宣传活动也在全国范围内展开。1991 年 7 月由中国物资经济学会与中国物流研究会合并而成的中国物资流通学会成立。1992 年 5 月首届物流研讨会在江苏召开，物流理念在国民经济发展中的传播，开始在全国范围内起着重要作用。

3. 第三阶段，社会主义市场经济下的物流阶段(1993—1998 年)

1993 年，党的十四届三中全会通过了《关于建立社会主义市场经济体制若干问题的决议》，我国加快了经济体制改革的步伐，经济建设开始进入一个新的历史发展阶段，开始从计划经济向市场经济转变。科学技术的迅速发展和信息技术的普及和应用，消费需求向个性化、多元化趋势发展。市场竞争机制的建立，使得我国工商企业，特别是中外合资企业，不断提出新的物流需求。我国经济界开始把流通发展提上了重要议事日程。我国为了加强对物流的管理，在 1993 年组建了国内贸易部，把生产资料流通与生活资料流通统一起来，一早建立社会主义市场经济体制的目标，进一步加大流通领域改革开放的力度，促使流通体制向社会化、市场化、现代化、国际化方向发展。这一阶段中，物流学术领域事业也取得了重要发展，1994 年现代物流技术与装备国际学术会议在上海召开；1997 年，亚太国际物流会议由 1995 年刚成立的中国物资流通协会举办。同时一批重要的物流书籍出版发行，如《现代综合物流管理》《现代物流学》《物流学》《军事物流概念》等。

4. 第四阶段，新经济发展形势下的物流阶段(1999 年到今天)

随着改革开放的进一步深入，国民经济增长方式发生了根本性的转变。物流发展受到了政府部门和国家领导的高度重视，国家领导人多次在有关会议上对物流的发展表示高度关注。中共中央在远景规划中明确提出了要进一步加速现代物流发展的战略目标，大多数地方政府也在各自的计划和长远计划中把发展现代物流放在重要的地位，并采取切实可行的措施发展现代物流产业，逐步建立起专业化、现代化、社会化的物流服务网络体系。目前，深圳、北京、天津、上海和广州等地政府极为重视本地区物流产业的发展，研究制定了地区物流发展规划和政策措施；物流企业逐渐摆脱部门附属机构的地位，开始按照市场规律的要求开展物流活动。

2001 年国家经济贸易委员会、铁道部、交通部、信息产业部、对外贸易经济合作部、国家民行总局联合印发《关于加快我国现代物流发展的若干意见》的通知，我国物流领域第一个跨部门、跨行业、跨所有制的行业组织——中国物流与采购联合会成立，我国国家标准《物流术语》正式实施，《中国物流年鉴》《中国物流发展蓝皮书》出版发行，物流峰会、论坛、研讨会、展览会等络绎不绝，各省市的物流园区、配送中心、商品代理配送制、第三方物流的发展使得物流产业呈现一片欣欣向荣的景象。

随着电子商务的发展，人们逐步意识到物流是电子商务发展必不可少的支撑。互联网信息平台、EDI(电子数据交换)、条形码、RFID(无线射频识别)、GPS(全球卫星定位系统)等现代信息技术手段在物流中广泛运用，物流现代化发展迅猛。同时，我国逐渐加大力度对一些陈旧的仓储、运输企业进行改革、改造和重组，使它们能不断提供新的物流服务。与此同时，出现了一批适应市场经济发展需要的现代物流企业，中国物流业迎来了发展的春天。

(二)我国物流的发展现状

我国物流的发展现状如下。

(1) 现代物流越来越受到重视，产业规模快速增长。近年来，物流行业每年的发展都会创一个新高，越来越多的企业会用到物流。物流现在已经成为我国一大产业，已经形成了一个庞大的产业链，物流飞速发展已经成为一个时代的重要标志。工商企业全国社会物流总额 2013 年达到 197.8 万亿元，比 2005 年增长 3.1 倍，按可比价格计算，年均增长 11.5%。物流业增加值每年都在大幅增长，基于此，我国各地纷纷把发展现代物流作为本地发展的重中之重。

(2) 我国物流企业逐渐走向多元化、规模化、集团化，现代物流服务体系初步建立。我国的传统物流企业大多规模小、实力弱、能力低、服务水平低，随着我国改革开放的发展，以及我国加入 WTO 后在商品分销、公路运输、铁路运输、仓储、货运代理、邮递服务等领域的逐步开放，市场主体逐步迈向多元化。一是外资物流企业，这些企业主要服务于外资企业，从事跨国公司在中国的生产、销售和采购等方面的物流活动。二是以多元化股权结构为特征的民营物流企业，这是目前物流市场最具活力的力量。三是国有经济中传统的运输、货代、仓储、批发企业，现在仍是物流市场的主力军。我国形成了一批所有制多元化、服务网络化和管理现代化的物流企业。制造业物流、商贸物流、电子商务物流和国际物流等领域专业化、社会化服务能力显著增强，服务水平不断提升，现代物流服务体系初步建立。国内的中小型物流企业，有一部分将利用拥有国内网络及设施、人力资本成本低等本土优势，与国内外大型物流企业建立战略合作伙伴关系；一部分将可能被大型物流公司收购、兼并；还有的将进行战略性重组和改造，向综合物流发展，为大型跨国物流企业配套，成为供应链的重要组成部分。

(3) 信息技术和通信技术已逐步在物流业务中运用，技术装备条件明显改善。20 世纪90 年代初期，我国在物流活动中开始使用计算机网络技术。利用互联网和电子数据交换系统(EDI)，企业可以随时查看最新交易状况及库存信息，并通过相关信息管理，使物流总体逐步趋向最优化。同时，信息技术广泛应用，大多数物流企业均建立了管理信息系统，无纸化、网络化、信息化的物流信息平台建设加速了物流企业的飞速发展。物联网、云计算等现代信息技术也开始应用于物流领域，装卸搬运、分拣包装、加工配送等专用物流装备和智能标签、跟踪追溯、路径优化等技术迅速推广应用。

(4) 国外物流企业逐步进入中国市场，国家大力支持物流产业发展，我国物流发展环境不断变化。由于我国传统物流企业的经营规模及管理的技术水平相对发达国家来说还是相对落后，针对物流服务质量要求相对高的企业，就会选择国外的著名物流企业。因此，很多国际上的物流企业陆续进入我国市场，在我国很多城市陆续建立起物流网络及物流联盟。这些国外的物流企业一般都拥有非常完整的综合物流服务，我国物流企业在与之竞争的过程中，通常还需要借鉴和学习国外一些物流企业的经验。在国外物流进军我国市场的同时，我国政府也在大力支持发展国内的物流业，"十二五"规划纲要明确提出"大力发展现代物流业"。国务院印发《物流业调整和振兴规划》，并制定出台了促进物流业健康发展的政策措施。2013年，习近平主席提出共建"丝绸之路经济带"和"21世纪海上丝绸之路"的重大倡议，"一带一路"战略将构筑东中西部联动发展新模式，通过资源整合的方式抱成团、连成线共同谋求发展；打造连接南北东西的国际大通道，打造贸易投资合作和开放新平台；促进区域间商流、物流、信息流的合作，同时推动国内产业布局优化调整。

本章知识结构图

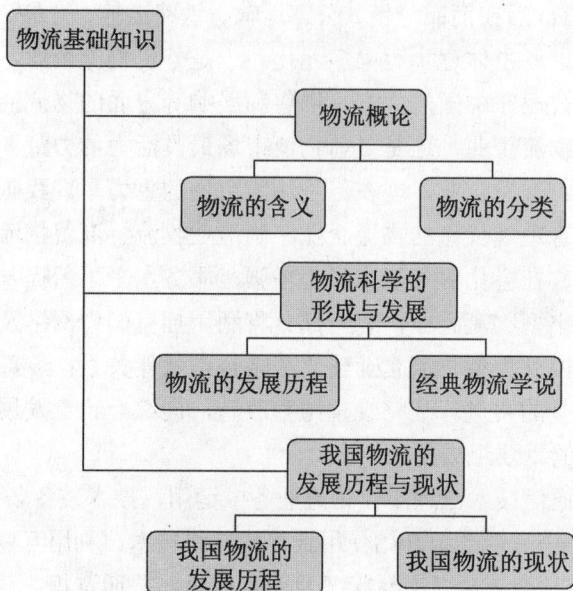

```
┌──────────────┐
│  物流基础知识  │
└──────────────┘
        │
        ├──────┌──────────┐
        │      │  物流概论  │
        │      └──────────┘
        │           │
        │      ┌──────────┐    ┌──────────┐
        │      │ 物流的含义 │    │ 物流的分类 │
        │      └──────────┘    └──────────┘
        │
        ├──────┌──────────────┐
        │      │  物流科学的    │
        │      │  形成与发展    │
        │      └──────────────┘
        │           │
        │      ┌──────────────┐  ┌──────────────┐
        │      │ 物流的发展历程 │  │ 经典物流学说  │
        │      └──────────────┘  └──────────────┘
        │
        └──────┌──────────────┐
               │  我国物流的    │
               │  发展历程与现状 │
               └──────────────┘
                    │
               ┌──────────────┐  ┌──────────────┐
               │  我国物流的   │  │ 我国物流的现状 │
               │  发展历程     │  └──────────────┘
               └──────────────┘
```

扩 展 阅 读

菜 鸟 物 流

2013 年 5 月 28 日，阿里巴巴集团、银泰集团联合复星集团、富春集团、顺丰集团、三通一达(申通、圆通、中通、韵达)，以及相关金融机构共同宣布，"中国智能物流骨干网"(简称 CSN)项目正式启动，合作各方共同组建的"菜鸟网络科技有限公司"正式成立。"菜鸟"小名字大志向，其目标是通过 5~8 年的努力打造一个开放的社会化物流大平台，在全国任意一个地区都可以做到 24 小时送达的目标。

一、菜鸟物流对物流业的影响

据了解，菜鸟网络的注册资金为 50 亿元，前三期投资将合计 3000 亿元。建立智能物流骨干网的一个重要基础是仓储干线建设。因此，菜鸟在这一方面也做足了功夫。菜鸟网络 CEO 沈国军介绍，同时启动的拿地建仓项目已包括北京、天津、广州、武汉、金华、海宁等十多个城市。金华的金义都市新区，则有望成为阿里物流的第一个创业基地。沈国军表示，"包括中西部地区在内，我们会在全国八个重要城市，按照'八大军区'的思路布局去建立主干网络。"

菜鸟的用地需求，将带动物流地产的升温，同时将营造更多的就业机会。根据菜鸟网络的预计，发展初期将至少支持 1000 万家新型企业发展和创造 1000 万个就业岗位。而依照马云的设想，如果智能骨干网成熟运作后，我国占 GDP 总值 18%的物流费用将降至欧美发达国家 12%左右，国家经济效益将得到整体提升。

二、菜鸟物流的物流远景

菜鸟网络专注打造的中国智能物流骨干网将通过自建、共建、合作、改造等多种模式，在全中国范围内形成一套开放的社会化仓储设施网络。同时，利用先进的互联网技术，建立开放、透明、共享的数据应用平台，为电子商务企业、物流公司、仓储企业、第三方物流服务商、供应链服务商等各类企业提供优质服务，支持物流行业向高附加值领域发展和升级。最终，促使建立社会化资源高效协同机制，提升中国社会化物流服务品质。

同 步 测 试

一、单项选择题

1. 物流是指物品从供应地向接收地的(　　)流动过程。

    A. 物品　　　　B. 商品　　　　C. 实体　　　　D. 实物

2. 社会物流、企业物流和行业物流是从( )角度对物流进行的分类。

    A. 空间活动　　　B. 性质　　　C. 研究范围　　　D. 物流过程和作用

3. 生产制造企业自行组织的物流称为( )。

    A. 企业自营物流　　　　　　　B. 流通领域的物流

    C. 生产领域的物流　　　　　　D. 生产物流

4. 生产经营企业为集中精力搞好主业，把原来属于自己处理的物流活动，以合同方式委托给专业物流服务企业的物流称为( )。

    A. 生产物流　　　B. 供应物流　　　C. 流通物流　　　D. 第三方物流

5. 1921年，美国经济学家( )在《市场流通中的若干问题》一书中提出物流是与创造需求不同的一个问题。

    A. 阿奇·萧　　　B. 克拉克　　　C. 琼斯·贝克　　　D. 韦勒斯特

二、多项选择题

1. 物流主要创造了( )。

    A. 时间价值　　　B. 空间价值　　　C. 立体价值　　　D. 纵向价值

2. 从空间活动角度来看，物流可以分为( )。

    A. 国际物流　　　B. 区域物流　　　C. 国内物流　　　D. 地区物流

3. 从物流研究范围角度来看，物流可以分为( )。

    A. 宏观物流　　　　　　　　　B. 中观物流

    C. 生产领域的物流　　　　　　D. 微观物流

4. 从物流过程和作用角度来看，物流可以分为( )。

    A. 供应物流　　　B. 生产物流　　　C. 销售物流　　　D. 回收和废弃物流

5. 按照从物流作业执行者的角度来看，物流可以分为( )。

    A. 企业自营物流　　　　　　　B. 军事领域的物流

    C. 生产领域的物流　　　　　　D. 第三方物流

三、简答题

1. 试说明物流是如何创造时间和空间价值的。

2. 简述物流七大经典学说。

3. 我国物流发展经历了哪四个阶段？

4. 试分析我国物流的发展现状。

5. 什么是第三方物流？

四、案例分析题

奥运村背后的可视化物流管理

对于任何一届奥运会，奥运物流对于成功举办奥运会有着举足轻重的作用，但奥运村客户群体比较复杂，物资需求品种多、数量大，奥运村内的空间单元多、物资进出频繁、作业集中程度高、运行周期长等诸多因素使得该项工作变得并不是那么轻松。

从第 25 届巴塞罗那奥运会开始，历届奥运会的主办者就在不断加大对物流的管理力度。但是，单纯地增加管理人数并不能从本质上简化这一烦琐的任务，因此，在 2008 年北京奥运会上，为保证奥运村物流项目的高效有序运行，做到物资进入、移动、运出的准确、高效、有序，库存的合理控制和管理，北京奥组委采用一种全新的数字化的方式来对奥运村的物流和空间规划进行管理，帮助奥组委后勤保障部门能够最快速的响应，满足来自各个国家运动员、官员，在入住方面的要求和需求，并且提供更好的服务体验。

1. 奥运村管理更具挑战性

奥运村共有 42 栋公寓楼、10 000 多间客房，在奥运会期间共接待来自于 204 个国家接近 16 000 名运动员和官员，而这 204 个国家的 16 000 名运动员和官员，因为他们宗教信仰、生活习惯的不同，对很多房间具体的布置都有一些特定的要求。

残奥会运动员代表是 7000 多名。奥运会结束之后，整个奥运村要从奥运会居住环境转移到适合残奥会使用的环境，而残奥会运动员因为不同的身体情况，他们的要求更加复杂。这就意味着整个奥运会后勤保障部门要在规定的时间内对几千多间客房实现快速的转换，进行物资的移入和移出。

运动员整个入住的时间其实是非常短，在这个过程中，他们的需求是实时的变化。他们一旦提出更改需求之后，后勤保障部门要能够根据他们的要求快速地响应。比如说房屋内设备的变更，移入移出，这后面将产生大量的人力物力的投入，大量物资变更的要求。

另外，各个职能部门在奥运村里面的空间需求不一样，布局、物资需求也不一样。各代表团和运动员的需求是多种多样的，这些信息怎么把握？这是一个难题，要把它记录下来，如果需要修改也可以修改更新，并且能够实时地反映到数据库资料里，就节省了大量的人力物力做录入工作和统计工作。原北京奥组委奥运村部物流副经理吴绍连说，这些情况在每届奥运会都能够遇到，无论悉尼也好，雅典也好，他们的转换期都不低于一周，而我们却只用了 26 个小时。

北京东经天元软件科技有限公司总经理汪逸说，北京奥运村管理的挑战还在于，参与各方面项目的人很多，工作人员的构成来自各行各业，所以需要一个非常直观、非常简单的信息交流系统。

整个奥运村有 12 个居民服务中心,各个代表团和运动员有了需求就到居民服务中心去提。奥运村里设有一个后勤客户服务中心,负责收集由各居民服务中心上传到客户服务中心的需求信息并向后勤各运行团队下达工作单指令。

当某个运动员发现房间的桌子坏了需要维修时,到居民服务中心告诉工作人员,居民服务中心的工作人员再电话通知后勤客户服务中心;接到电话后,后勤客户服务中心工作人员录入一个工作单,并自动的发送到相关的职能部门,职能部门会派人做服务,服务完之后在工作单里会消掉。

这一看似简单的过程,但是在奥运会这种环境下,要确保"零投诉"背后却有很多复杂的工作要做。"而这一切在以往的历史上实现起来是有困难的,而且难度非常大,中间不可避免地造成一些需求不能满足,或者一些物资错误的部署。"欧特克中国区工程建设行业总监李邵建如是说。

面对复杂的奥运村物业管理的需要,奥运村空间规划和物资信息管理系统采用了Autodesk 最新的 3D 设计及数据库技术和协同作业技术,将奥运村空间规划及设施以 3D图形方式创建 BIM(建筑信息模型技术)数据,实现了在虚拟的世界中进行现实的奥运村的物流管理,显著提升了庞大物流管理的直观性、降低了操作难度,得以让奥运村物流管理在物资品种多、数量大、空间单元复杂、空间单元及资产归属要求绝对准确、物资进出频繁、作业集中度高的情况下高效、有序和安全地运行。

吴绍连介绍说,这个系统的核心功能是图形与数据库同步连接,自动生成数据表。比如前期的移入工作,一万多个空间单元、几十万件家具电器,这些物件需要一个完备的信息和方案,这就是通过这个系统完成的。每个空间单元一图一表,每一张图都是三维立体图,对应一张数据单,然后安排人贴在相应的空间单元上,家具供应商据此做移入的工作,后面的核查也按照这个查,统计数据自然生成。

李邵建说,这些工作单不是简单示意图,而是根据真实环境模拟的三维模型图。三维信息模型核心点是,所有的数据都是数字化导入的,比如说房间的格局、模型,所有物资器材信息都是数字化导入进去的。例如,A 厂商生产的办公桌和 B 厂商生产的写字台在这里面体现的是不一样的,所有的物资都被数字化地导入到真实的基于真正奥运村房间布局和楼宇布局的三维模型中去。这里有一个协同的平台,他们是需要协同完成,不同的管理方,比如水电的,设备的,其他后勤部门,不同的管理方必须通过这个平台交换数据,通过各个部门的协作,最终让这房间无论从各个方面都符合代表团官员和运动员的要求。

2. 奥运"遗产"可以复制

奥运村空间规划和物资信息管理系统已经不是所谓传统意义上的信息管理系统,它可以让非专业人员非常直观、可视化地看到所服务目标的各种变化带来的影响和要求。

由于数据中心、建筑规划信息、建筑模型的信息都数字化在这个系统当中整合在一起,可以根据对这个活动或者整个物业的要求去模拟它,模拟动态情况。例如,运动员大概会提什么样的要求,如果提出这样的要求能否应对,怎样调整后面物资的配比,如何安排物资的分布、物资的配送,等等。奥运村服务人员在可视化的界面下,根据模拟出来的结果做实时的分析,大大提高了判断的能力和响应的速度。

奥运村可视化物流管理是一次性项目,但是这种需求应该是一个普遍性和广泛性的,特别是在城市化越来越多的时候,有大量的商业活动、居民的活动都会与此相关,其运用面是非常广泛,其成功的经验可以复制到目前面临的各种相关需求中。

李邵建介绍说,欧特克跟中国非常有标志性意义的大型商用综合性的项目有过接触,例如,有大型的会展中心、餐饮、商铺还有大量的写字楼,经常需要面临奥组委这样的物业管理的挑战,从维修到公司里面的进出、展会人员的进出、疏散、安全的考虑,都需要这样的数据信息模型帮助他们模拟分析,帮助进行单位最大化的降低成本,保证效果。

(资料来源: http://it.sohu.com/20090104/n261556904.shtml)

分析:

请结合案例分析物流为奥运会提供了哪些服务?

项 目 实 训

【实训项目:区域物流企业参观】

【实训目的】

通过参观区域物流企业,使学生了解物流的主要功能要素,增强学生对物流的感性认识,了解物流企业的生产经营流程。

【实训内容】

(1) 安排学生参观某物流企业,而后根据参观内容学生按组制作参观情况汇总的PPT,并在课堂上交流分享;

(2) 根据PPT情况和讲解情况按组评分存档。

【实训要求】

训练项目	训练要求	备　注
了解物流功能	明确物流八大功能要素，对物流有一定的具体认识	可以让学生写出对该企业改进的意见和建议
了解物流企业生产经营状况	通过观察和讲解员的讲解，深入了解日后工作的场景，培养对物流的学习兴趣，并且对日后工作有一定的准备	准备包括证书准备、心理准备
培养学生的团队意识	PPT 的制作和讲解以小组为单位进行，期间可以锻炼学生的团队意识、沟通能力和合作精神	物流需要的不仅仅是专业素养，还有个人品质

第二章 物流系统及其构成

【学习目的与要求】

- 理解系统的概念和特征;
- 掌握物流系统的含义;
- 掌握现代物流系统的一般要素、功能要素、支撑要素和物资基础要素。

【引导案例】

京东的物流系统

2014年5月22日,我国最大的自营式电商企业——京东集团在美国纳斯达克证券交易所挂牌交易,股票代码为"JD"。京东首次公开募股以17.8亿美元的融资创造了我国互联网有史以来的最高纪录,高于腾讯、百度,成功晋升成为我国第三大互联网公司。

1. 京东的最大优势在于自建物流

自建自营的物流体系是京东未来发展的基石,强大的物流能力带来良好的购物体验,一直是京东吸引并抓住用户的金字招牌。此次京东上市募资,自建物流还依然能继续为完善基础设施提供保障。

2. 自建物流投资金额

2011年,京东集团创始人兼首席执行官刘强东放言投资100亿建物流系统。"融资的70%将用于物流体系建设""物流和研发占总费用的70%"。

据招股文件披露,京东融资逾18亿美元(不包括腾讯今年投入的2.14亿美元),折合人民币约116亿。按刘强东的说法,京东物流投资应在70亿元以上。

物流投资包括购买土地、建造库房、购置设施、设备及系统软件研发等。这些投资形成的都是固定资产,但招股文件显示截至2013年年末京东账面固定资产为35.3亿元(其中,土地使用权5.98亿、设备软件等10.2亿、在建工程12.4亿)。这也就是说,京东历年来在物流方面的投资不会超过35亿元。

3. 建成规模

从2004年上线,京东就开始陆续在北京、上海、广州设立物流配送中心。货物从供应商到顾客的全过程都由京东经手,都在IT系统的监控和支持之下,都能与供应商实现库存数据共享。

4. 处理能力

京东的物流系统庞大高效。借助物流系统，京东可以在 43 个城市实现"下单当日投递"，在 265 个城市实现"下单次日投递"，两者合计占订单总量的 70%。强大物流处理能力，2013 年完成订单 3.2 亿张，净成交额 1039 亿元。

借助强大的物流，京东商城为越来越多的第三方产品提供服务、收取佣金。在 2013 年 1039 亿的总交易金额中，第三方商品占 369 亿元，占比达 35.5%。而且佣金比率逐年提高，2011 年是 4.0%，2013 年达到 6.3%。到 2014 年 1 季度末，第三方卖家数量达到 2.9 万家。

电商兴起之初，社会提供不了可靠物流配送服务，所以京东投资建设、全程管理的流体体系能给用户更好的购物体验。电商的腾飞，强力带动物流业发展，它们会争抢着与电商巨头合作，比服务、拼价格，电商们可以坐收渔利，用户获得的服务和体验必将日益改善。

(资料来源：全国物流信息网)

在自然界和人类社会中，可以说任何事物都是以系统的形式存在的。我们可以把每个要研究的问题或对象看成是一个系统。人们在认识客观事物或改造客观事物的过程中，用综合分析的思维方式看待事物，根据事物中内在的、本质的、必然的联系，从整体的角度进行分析和研究，这类事物就被看作为一个系统。

一、系统的概念和模式

(一)系统的概念

系统一词来源于英文 System 的音译，对应外文内涵加以丰富。系统是指将零散的东西进行有序的整理、编排形成的具有整体性的整体。我国学者钱学森认为："系统是由相互作用、相互依赖的若干组成部分结合而成的，具有特定功能的有机整体，而且这个有机整体又是它从属的更大系统的组成部分。""系统"一词来源于人类长期的社会实践，存在于自然界、人类社会以及人类思维描述的各个领域。自然界和人类社会中的很多事物都可以看作为系统，一个工厂可以看作是由各个车间、科室、后勤等构成的系统；一部交响乐也可以看作是由多个乐章构成的系统。系统是有层次的，大系统中包含着小系统，例如在自然界中，宇宙是一个系统，银河系又是一个从属于宇宙的系统，是宇宙的子系统，而太阳系又是从属银河系的一个子系统，地球又是太阳系的一个子系统，等等。对于系统概念的理解，包括以下几个方面。

(1) 系统是由两个或两个以上要素组成的;

(2) 各要素之间相互联系,相互作用;

(3) 系统具有一定结构,保持系统的有序性;

(4) 系统具有特定的功能。

(二)系统的模式

系统是相对外部环境而言的,并且和外部环境的界限往往是模糊过度的,所以系统是一个模糊的集合。系统的模式包括了输入、处理、输出、干扰及反馈五个要素(见图2-1)。

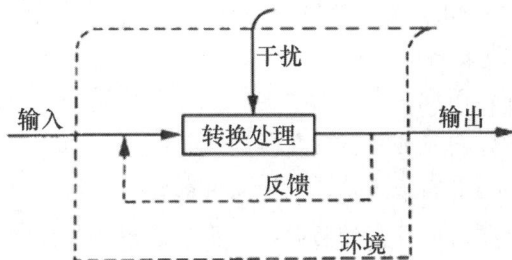

图2-1 系统的模式

【同步阅读2-1】

唯品会自动化仓储系统

2015年12月14日,唯品会正式对外曝光了其最新上线的自动化仓储系统——"蜂巢式电商4.0系统"。这个全程机器拣货,在存储量、订单处理速度上都全面"开挂"的仓库,吸引了国内多家品牌商、零售商的注意。

据悉,该仓储系统位于唯品会在广东肇庆的华南物流中心13号仓库,设备占地面积2500平方米,仓库设备和系统提供方为兰剑物流科技股份有限公司。

根据现场了解以及唯品会、兰剑物流方面的介绍,亿邦动力网总结了该仓储系统的几个核心特点。

1. 全程机器拣货,实现"货找人"式拣货

与一般仓储系统"人找货"的拣选方式不同,蜂巢系统全程采用机器小车拣货,其中包括巷道穿梭车(纵向)、转载穿梭车(横向)、提升机(立体)这三个维度的自动拣货小车。

在机器拣货模式下,仓库工作人员不需要再手动拣货,因此,订单处理效果大大提高。据兰剑物流相关负责人介绍,在该系统操作下,一个工作人员的处理速度是10秒内1个订单行,一小时能处理360个订单行,效率是传统仓库的6倍(传统的每小时约60个订单行)。

据悉，蜂巢系统的日订单处理规模能达到9.6万件。

2. 高密度存储，系统容积率是传统的10倍

据悉，蜂巢仓储系统采用了高密度的存储方式，最大化地利用仓库空间。

由于系统采用全自动机器拣选，蜂巢不会受到人工拣货的限制(比如货架高度、货架间距等)，因此，整体货架布置非常密集。据兰剑相关负责人介绍，传统仓库一个平方米最多能存储两个周转箱，而蜂巢系统能存储20个周转箱，容积率是传统系统的10倍。

据悉，唯品会华南物流园区的总存量是900多万件(主要是服装)，而蜂巢所在的13号仓库就承载了100万件，容量远远高于其他一般仓库。

3. 仓储、分拣一体化，节省作业面积

据悉，一般的仓库分为仓储区和分拣区，比例多为1:1(有的分拣区比仓储区面积更大)，这种设计最终造成仓库整体面积巨大，利用率不足。而蜂巢仓储系统将仓储区和分拣区合二为一，节省了作业面积，同时也能提高拣货速度。

对于这套自动化系统，有商家表示，虽然系统的订单处理能力强悍，尤其适合双十一这样的大促时期，但订单稳定的日常销售时期，系统利用率是其担忧的问题。对此，兰剑相关负责人称，蜂巢系统采用的是柔性化设计，在常态化时期也适合使用。

另外，对于商家关心的系统成本问题，兰剑方面称，其与唯品会的"物流代运营"合作模式就是一个可供参考的解决方案。据悉，蜂巢系统不需要唯品会投资，而是由兰剑物流进行建设，同时由兰剑运营团队负责仓库内部作业，按照处理量与唯品会进行结算。

唯品会方面称，未来其将把这套仓储系统更多地开放给平台商家，提高订单处理效率。除了唯品会，兰剑物流已经与零食品牌商三只松鼠达成合作，其位于安徽芜湖的自动化仓储系统已处于试运行阶段。

(资料来源：亿邦动力网讯)

二、系统的特征

系统具备以下五个基本特征。

1. 整体性

系统是由两个以上有一定区别又有一定相关的要素所组成，系统的整体性主要表现为系统的整体功能。系统的整体功能不是各组成要素的简单叠加，而是呈现出各组成要素所没有的新功能，概括地表述为"整体大于部分之和"。

2. 层次性

系统作为一个相互作用的诸要素的总体，它可以分解为一系列的子系统，并存在一定的层次结构。这是系统结构的一种形式，在系统层次结构中表述了不同层次子系统之间的从属关系或相互作用的关系。

3. 相关性

各要素组成的系统是因为它们之间存在相互联系、相互作用、相互影响的关系。这种关系不是简单的相加，即 $1+1 \neq 2$，而是有可能是互相增强，也有可能是互相减弱。有效的系统，各要素之间互补增强，使系统保持稳定，具有生命力。而要做到这一点，系统必须有一定的有序结构。

4. 目的性

系统具有能使各个要素集合在一起的共同目的，而且人造系统通常具有多重目的。例如，企业的经营管理系统，在限定的资源和现有职能机构的配合下，它的目的就是为了完成或超额完成生产经营计划，实现规定的质量、品种、成本、利润等指标。

5. 环境适应性

相对于系统而言，环境是一个更高级、更复杂的系统，系统必须适应外部环境的变化，经常与外部环境保持最佳的适应状态，只有这样才能得以存在和发展。任何系统都是发展和变化着的，根据系统的目的，有时系统增加一些要素，有时系统删除一些要素，有时系统分裂，有时系统合并。研究系统，尤其是研究社会系统，应当有发展的观点。

三、物流系统概述

随着工业化的发展，物流系统从手工物流系统、机械化物流系统、自动化物流系统、集成化物流系统、智能化物流系统逐步发展起来。

(一)物流系统的含义

物流系统的"输入"即指采购、运输、储存、流通加工、装卸、搬运、包装、销售、物流信息处理等物流环节所需的劳务、设备、材料、资源等要素，由外部环境向系统提供的过程。所谓物流系统是指在一定的时间和空间里，由所需输送的物料和包括有关设备、输送工具、仓储设备、人员以及通信联系等若干相互制约的动态要素构成的具有特定功能的有机整体。

(二)物流系统的要素

现代物流系统的基本要素包括：一般要素、功能要素、支撑要素、物质基础要素。

1. 物流系统的一般要素

与所有的系统一样，物流系统的一般要素由以下三个方面构成。

(1) 劳动者要素。它是所有系统的核心要素、第一要素。提高劳动者的素质，是建立一个合理化的物流系统并使它有效运转的根本。

(2) 资金要素。交换是以货币为媒介。实现交换的物流过程，实际也是资金运动过程，同时物流服务本身也需要以货币为媒介。物流系统建设是资本投入的一大领域，离开资金这一要素，物流不可能实现。

(3) 物的要素。物的要素包括物流系统的劳动对象，即各种实物。缺少它，物流系统便成了无本之木。物的要素还包括劳动工具、劳动手段，如各种物流设施、工具，各种消耗材料(如燃料、辅助材料)等。

2. 物流系统的功能要素

物流系统的功能要素是物流系统所具有的基本能力，这些基本能力有效地组合、联结在一起，便成了物流的总功能，便能合理、有效地实现物流系统的总目的。

物流系统的功能要素一般认为有运输、储存保管、包装、装卸搬运、流通加工、配送、物流信息等，如果从物流活动的实际工作环节来考查，物流由上述七项具体工作构成。换句话说，物流能实现以上七项功能。

(1) 运输功能要素。运输功能要素既包括供应及销售物流中的车、船、飞机等方式的运输，也包括生产物流中的管道、传送带等方式的运输。对运输活动的管理，要求选择技术经济效果最好的运输方式及联运方式，合理确定运输路线，以实现安全、迅速、准时、价廉的要求。

(2) 储存保管功能要素。储存保管功能要素包括堆存、保管、保养、维护等活动。对保管活动的管理，要求正确确定库存数量，明确仓库以流通为主还是以储备为主，合理确定保管制度和流程，对库存物品采取有区别管理方式，力求提高保管效率，降低损耗，加速货物和资金的周转。

(3) 包装功能要素。包装功能要素包括产品的出厂包装、生产过程中在制品、半成品的包装以及在物流过程中换装、分装、再包装等活动。对包装活动的管理，根据物流方式和销售要求来确定。无论是以商业包装为主，还是以工业包装为主，要全面考虑包装对产品的保护作用、促进销售的作用、提高装运率的作用、包装的便利性以及废包装的回收及处理等因素。包装管理还要根据全物流过程的经济效果，具体决定包装材料、强度、尺寸及包装方式。

(4) 装卸搬运功能要素。装卸搬运功能要素包括对输送、保管、包装、流通加工等物流活动进行衔接，以及在保管等活动中为进行检验、维护、保养所进行的装卸活动。伴随装卸搬运活动的小搬运，一般也包括在这一活动中。在全物流活动中，装卸搬运活动是频繁发生的，因而是产品损坏的重要原因。对装卸搬运活动的管理，主要是确定最恰当的装卸搬运方式，力求减少装卸搬运次数，合理配置及使用装卸搬运机具，以做到节能、省力、减少损失、加快速度，获得较好的经济效果。

(5) 流通加工功能要素。流通加工功能要素又称流通过程的辅助加工活动。这种加工活动不仅存在于社会流通过程，也存在于企业内部的流通过程中。所以，流通加工实际上是在物流过程中进行的辅助加工活动。企业为了弥补生产经营过程中加工程度的不足，更有效地满足用户或本企业的需求，更好地衔接产需，往往需要进行这种加工活动。

(6) 配送功能要素。配送功能要素属于物流的最终阶段，以分拣、送货等形式最终完成社会物流并最终实现资源配置的活动。配送活动一直被看成是运输活动中的一个组成部分，看成是一种运输形式。所以，过去未将其独立作为物流系统实现的功能，未看成是独立的功能要素，而是将其作为运输系统中的末端运输对待。但是，配送作为一种现代流通方式，集经营、服务、集货、库存、分拣、装卸搬运、送货于一身，已不是单单一种送货运输能包含的，所以现代物流都将其作为独立功能要素。要素包括：①集货——将分散的或小批量的物品集中起来，以便进行运输、配送的作业；②分拣——将物品按品种、出入库先后顺序进行分门别类堆放的作业；③配货——使用各种拣选设备和传输装置，将存放的物品，按客户要求分拣出来，配备齐全，送到指定发货地点；④配装——在单个客户配送数量不能达到车辆的有效载运负荷时，将不同客户的配送货物进行搭配装载，充分利用运能和运力；⑤配送运输——即运输中的末端运输、支线运输；⑥送达服务——货物送达后的相关服务；⑦配送加工——按照客户的要求所进行的流通加工。

(7) 物流信息功能要素。物流信息功能要素包括进行与上述各项活动有关的计划、预测、动态(如运量、收发、存数)的信息及有关的费用信息、生产信息、市场信息活动。对物流信息活动的管理，要求建立信息系统和信息渠道，正确选定信息科目和信息的收集、统计、汇总和使用方法，以保证其可靠性和及时性。

上述功能要素中，运输及保管分别解决了供给者及需要者之间场所和时间的分离，分别是物流创造"场地效用"及"时间效用"的主要功能要素，因而在物流系统中处于主要功能要素的地位。

3. 物流系统的支撑要素

物流系统的建立需要有许多支撑手段，尤其是处于复杂的社会经济系统中，要确定物流系统的地位，要协调物流系统与其他系统的关系，其支撑要素必不可少。这些支撑要素主要包括以下几个方面。

(1) 体制制度。物流系统的体制制度决定物流系统的结构、组织、领导和管理方式，是物流系统的重要保障，体现了国家对其控制、指挥方式以及这个系统的地位和范畴。有了这个支撑条件，才能确立物流系统在国民经济中的地位。

(2) 法律法规。物流系统的运行，都不可避免地涉及企业或人的权益问题。法律法规一方面限制和规范物流系统的活动，使之与更大系统协调，另一方面是对物流系统的运行给予保障。物流合同的执行，权益的划分，责任的确定都靠法律法规维系。

(3) 行政命令。物流系统和一般系统不同之处在于，物流系统关系到国家军事、经济命脉，所以，行政命令等手段也常常是支持物流系统正常运转的重要支撑要素。

(4) 标准化系统。这是保证物流环节协调运行，保证物流系统与其他系统在技术上实现联结的重要支撑条件。

4. 物流系统的物质基础要素

物流系统的建立和运行，需要有大量技术装备手段，这些手段的有机联系对物流系统的运行有决定意义。

物流系统分析是一种仍在不断发展中的现代科学方法，虽然已在很多领域采用并取得显著成效，但是实际情况下，并不是任何物流系统都可用系统分析的方法来研究，因为要考虑到经济与时效等因素。为此，在采用物流系统分析前，需要注意以下几个方面的问题。

首先，物流系统分析是一个长期的工作，它贯穿在物流系统规划、运行评价、优化改善的全过程中。因为物流系统分析的总目标就是寻找物流系统的最优途径，而物流系统运行过程中，它所处的外界环境及其内部构成都不断地变化和运动，系统分析就要抓住这些信息，总结和归纳出这些特征，找到系统达到效益最优的途径和方法。(可以说，只要有物流系统存在运行，物流系统分析工作就会时时刻刻地进行。)总之，物流系统分析需要有高度能力的分析人员辛勤而漫长的工作。

其次，物流系统分析虽然对制定决策有很大的帮助，但是它不能完全代替想象力、经验和判断力。物流系统分析只能是将研究问题运用数学的方法或模型，推解出相优化的备选方案。在将现实问题归纳成数字模型的过程中，必然舍去了一些无法运用数学方法进行分析的因素，而这些因素可能对系统的实际运行产生影响，因此当管理者进行选择或决策时，必然要运用自己的经验、想象或直觉进行综合判断。

最后，物流系统分析基本上是考虑经济、效益等目标，或者说是以经济学的方法来解决问题。对任何问题，通常均有不同的解决方案，应用物流系统分析研究问题，应对各种解决问题的方案，计算出全部费用，然后再进行比较。但在决策时又要注意费用最少的方案不一定是最佳选择，因为选择最佳方案的着眼点，不在"省钱"，而是"有效"。

本章知识结构图

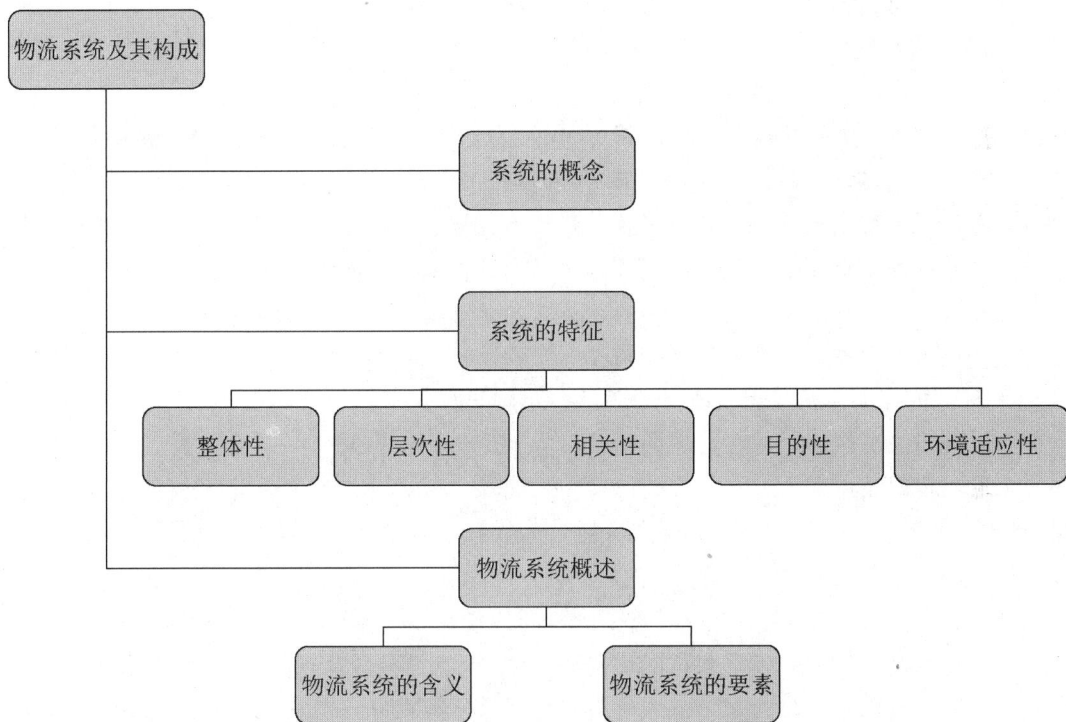

```
物流系统及其构成
    │
    ├──────────────── 系统的概念
    │
    ├──────────────── 系统的特征
    │                     │
    │         ┌────────┬────────┼────────┬────────┐
    │      整体性    层次性   相关性    目的性   环境适应性
    │
    └──────────────── 物流系统概述
                          │
                  ┌───────┴───────┐
            物流系统的含义      物流系统的要素
```

扩 展 阅 读

京东物流之所以快是因为背后藏着条"青龙"

相信很多人选择京东的一大理由就是因为京东的物流速度。在电商时代，物流速度是整个服务体系中尤为重要的一个环节，它直接影响了用户的购物体验，甚至是购物决策。很多人都很喜欢京东"211 限时达"这样的服务，但在看似简单的发货和收货之间，却隐藏着一套复杂的物流系统，京东称之为"青龙"。

其实，经常购物的用户在查看物流状态的时候，经常能够看到仓库、分拣中心、配送站、配送员，这几个关键词。实际上，这几个关键词也是京东物流网络中的几个核心要素。仓库负责根据客户订单安排生产，包括订单打印、拣货、发票打印、打包等。它是一个个订单包裹生成的地方。分拣中心则负责对包裹进行分拣、装箱、发货、发车，最终抵达配送站。配送站经过收货、验货之后，分配到不同的配送员，于是你就可以等着收货了。那么，如何让这一过程变得很快呢？

1. 211限时达的秘诀：预分拣子系统

在京东青龙物流配送系统中实现快速配送的核心就是预分拣子系统。预分拣是承接用户下单到仓储生产之间的重要一环，可以说，没有预分拣系统用户的订单就无法完成仓储的生产，而预分拣的准确性对运送效率的提升至关重要。

预分拣系统根据收货地址等信息将运单预先分配到正确的站点，分拣现场依据分拣结果将包裹发往指定站点，由站点负责配送，因此，预分拣结果的准确性对配送系统至关重要。青龙配送系统在预分拣中采用深度神经网络、机器学习、搜索引擎技术、地图区域划分、信息抽取与知识挖掘，并利用大数据对地址库、关键字库、特殊配置库、GIS地图库等数据进行分析并使用，使订单能够自动分拣，且保证 7×24 小时的服务，能够满足各类型订单的接入，提供稳定准确的预分拣接口。

2. 青龙的龙骨：核心子系统

如果说预分拣系统是京东物流的心脏，那青龙的核心子系统，则扮演着龙骨的角色。整个的青龙配送系统是由一套复杂的核心子系统搭建而成。在各个环节当中有相应的技术进行配合。

1) 终端系统

通常你会看到，京东的快递员手中持有一台 PDA 一体机，这台一体机实际上是青龙终端系统的组成部分。在分拣中心、配送站都能看到它的身影。据了解，目前京东已经在测试可穿戴的分拣设备，推行可穿戴式的数据采集器，解放分拣人员双手，提高工作效率。此外，像配送员 APP、自提柜系统也在逐步覆盖，用来完成"最后一公里"物流配送业务的操作、记录、校验、指导、监控等内容，极大地提高了配送员的作业效率。

2) 运单系统

这套系统是保证你能够查看到货物运送状态的系统，它既能记录运单的收货地址等基本信息，又能接收来自接货系统、PDA 系统的操作记录，实现订单全程跟踪。同时，运单系统对外提供状态、支付方式等查询功能，供结算系统等外部系统调用。

3) 质控平台

京东对于物品的品质有着严格的要求，为了避免因为运输造成的损坏，质控平台针对业务系统操作过程中发生的物流损等异常信息进行现场汇报收集，由质控人员进行定责。质控系统保证了对配送异常的及时跟踪，同时为降低损耗提供质量保证。

4) GIS 系统

GIS 系统也叫作地理信息系统。基于这套系统，青龙将其分为企业应用和个人应用两个部分，企业方面利用 GIS 系统可以进行站点规划、车辆调度、GIS 预分拣、北斗应用、配送员路径优化、配送监控、GIS 单量统计等功能；而对于个人来说，能够获得 LBS 服务、订单全程可视化、预测送货时间、用户自提、基于 GIS 的 O2O 服务、物联网等诸多有价值的物流服务，通过对 GIS 系统的深度挖掘，使物流的价值进一步地得到扩展。

3. 青龙配送系统的蜕变

青龙系统从诞生以来，经历了从 1.0 到 3.0 的蜕变。1.0 完成了对海量信息处理，满足日常海量数据处理的能力，对原有系统进行了重构，使得分拣系统与配送系统达到了全方位的提升。而在 2.0 阶段，京东推出了自提柜系统，用以解决"最后一公里"的难题。经过不断的更新，自提柜的功能也在不断的丰富，水电缴费、一卡通充值、社区 O2O、冷藏/冷冻、生鲜自提、WIFI 热点等诸多功能将会逐步实现。

在技术上也进行了革新，包括 SOA 框架、分布式调度、Redis、MQ、分布式 MySQL 等，有力保障系统平稳运行，提升系统效率。针对架构研发团队进行了诸多改进，如基于 Redis 的分布式调度，做到了兼容已有数据库方案，实现了平滑升级、重启等不会丢数据、高并发、支持批量处理、支持防重注、支持 Redis 故障(自动和手动)切换。

2014 年青龙迈向了 3.0 时代，这一阶段"对外开放，构建生态系统"成为重要的战略方向，完成了 SOP 订单对接和 ISV 对接的重要项目，至此，青龙的业务模式也开始从京东内部物流系统转变为社会化物流。这种开放，使得京东的物流平台具备了更多的功能，例如跨境的电商，O2O 的配送。而京东也在进一步地将渠道下沉，青龙乡村管家系统，将物流配送的深度扩展到了农村，使村里人和城里人享受同等的消费服务。青龙的创新还在继续，物流的速度以一句话来总结："没有最快只有更快。"

(资料来源: 新浪新闻中心)

同 步 测 试

一、单项选择题

1. 下列选项中，( )不是物流系统的目标。

A. 服务　　B. 快捷　　　　C. 节约　　　　　D. 加工

2. 下列选项中，( )不是物流系统的一般要素。

    A. 人   B. 信息   C. 资金   D. 物

3. 下列缩写中，表示电子数据交换的是( )。

    A. EOS   B. EDI   C. POS   D. GPS

4. 下列对物流系统的说法中，正确的是( )。

    A. 物流系统是一个单独的系统，可以作为一个整体单独存在

    B. 物流系统存在一定的目标

    C. 构成物流系统的各个要素达到最优，即可使得整个物流系统达到最优

    D. 物流系统由物流作业系统和物流信息系统两大部分组成，两者之间是并列关系

5. 系统作为一个相互作用的诸要素的总体，它可以分解为一系列的( )，并存在一定的层次结构。

    A. 子系统   B. 信息系统   C. 资金系统   D. 物流系统

二、多项选择题

1. 物流系统的支撑要素包括( )。

    A. 体制制度   B. 法律法规   C. 行政命令   D. 标准化系统

2. 物流系统的功能要素包括( )。

    A. 包装功能要素   B. 装卸搬运功能要素

    C. 运输功能要素   D. 流通加工功能要素

3. 系统的特征包括( )。

    A. 整体性   B. 层次性   C. 相关性   D. 目的性

4. 现代物流系统的基本要素包括( )。

    A. 功能要素   B. 支撑要素

    C. 物质基础要素   D. 运输要素

5. 下列对于系统概念的理解，正确的有( )。

    A. 系统是由两个或两个以上要素组成

    B. 各要素之间相互联系，相互作用

    C. 系统具有一定结构，保持系统的有序性

    D. 系统具有特定的功能

三、简答题

1. 试述物流系统的特点。

2. 试述物流系统化的目标。

3. 简述物流系统规划中基本评价指标体系的组成。

4. 简述物流系统的构成要素。

5. 试述物流战略规划的主要内容。

四、案例分析题

宜家家具全球化的外包物流系统

宜家家具(IKEA)以其质量可靠、价格适中、服务周到而享誉全球。从 1943 年创始，宜家家具发展到如今遍布 13 个国家和地区，近 150 家分店和 20 家宜家商场为宜家集团之外授权特许经营店，员工达到 44 000 人，成为国际知名的家具公司。

宜家家具目前在全球 55 个国家拥有约 2000 家供应商，在 33 个国家设立了 40 所贸易代表处(TSO)。2000 家供货厂商为宜家生产宜家目录册和宜家商场内的所有产品。其中，大部分产品、大部分生产厂商来自于环境工作发展水平较高的国家和地区。同时，宜家也在一些环境工作尚处于起始阶段的国家进行部分产品的采购。宜家家具在降低物流成本方面采用新的物流理念，可以分为以下三个方面。

1. 减少仓储设备

宜家家具要求供货厂商把大多数的 95% 货物直接送到自选商场，省略中间的仓储存放和搬运工作，目前这个比例已经达到了 60%～70%，未来的一年里将达到 95%。针对必须转运的货物，宜家也作了许多改善之处，比如，减少货物转运次数，目前 $1m^3$ 的货物，处理次数可以达到 8 次，目标是降低到 2.5 次。同时，宜家家具还加大力度提高家具超市的面积，降低仓储面积。

2. 采用密集运输以降低成本

2000 年，宜家货物运输量达 2100 万 m^3，船舶运输占 20%，铁路运输占 20%，公路运输占 60%。宜家经过考察后发现改变送货方式可以降低物流成本。以德国境内的宜家为例，它共有 1600 个供应商，其中 1500 个分布在远东、北美、北欧和东欧，这些供应商将货物直接送到 Weme 和 Erfurt 的集中仓库，其余 100 个供应商把货物直接送到展销中心。按照货物的体积计算，约有 50% 的货物是由供应商送到集中仓储中心，从那里每星期再分送到展销中心，另外 50% 的货物由供应商直接送到展销中心，例如，大型床垫，或者是长木条等体积较大的货物。宜家主要的送货方式有三种。

(1) 快速反应。根据展销中心的需要，直接在计算机上向供应商下订单，货物会在一至两周内由集中仓储中心送到展销场地。

(2) 卖方管理存货。供应商每天收到其所生产的货物的存货情况，决定补货时间、种类和数量。

（3）直接通过计算机网络向国外的供应商订货，用40尺寸的集装箱集中海运到汉堡，然后由码头运输到各展销中心。宜家所有产品都采用平板包装，可以最大限度地降低货运量，增加装货能力。目前，宜家不仅关注货品的单位包装数量，同时竭力多采用船舶和火车作为货运方式。因此，所有宜家仓库现在已连接于直通铁路网或货运港口。

3. 降低整体运作成本

宜家家具针对特殊订单，成立地方性的服务中心。货物集中到离顾客最近的服务中心，然后再送到顾客手中。宜家没有自己的车队，其运输全部由外包负责，由外部承运代理负责运输。所有宜家承运代理必须遵从环境标准和多项检查，如环境政策与行动计划、机动车尾气排放安全指数等，必须达到最低标准要求。为了减少公路运输尾气成分二氧化碳的排放，宜家设法增加了产品的单位包装数量，并采用二氧化碳排放量少的货运方式。目前，宜家已建立铁路公司，以确保铁路承运能力，提高铁路货运比例。增加产品单位包装数量是宜家的一项永无止境的工作，不仅是在集装箱内增加单位装箱数量，同时要考虑提高产品集合包装的数量。高效的外包物流系统和不断优化的运输方式，使宜家家具的物流能够顺应业务的发展，从而使得宜家的发展欣欣向荣。

随着全球经济一体化进程的加快、信息技术在物流领域的应用和发展，对一体化多渠道市场需求的增长和物流服务供应商服务能力的扩充和完善，物流业务外包服务将逐步被社会认识、了解、认可和进一步采用。

物流外包作为一个提高物资流通速度、节省物流费用和减少在途资金积压的有效手段，确实能够给供需双方带来较多的收益，尽管供需双方均有信心和诚意，但在实践的过程中，物流外包又举步维艰，常常出现中断，甚至失败。阻碍物流外包发展的因素既有体制的制约、人为的失误，也有观念的陈旧和技术的缺陷，这些因素既存在于物流供应商方面，也存在于物流需求商方面。

分析：

宜家家具是采用什么方式来降低成本的？

项 目 实 训

【实训项目：苏宁物流系统整体概况】

苏宁"智慧"管理的物流系统

通过全球领先的革新物流仓储与配送技术，达到满足多业态、多品规商品存运需求，全方位使用 SAP/ERP 系统、DPS 电子标签系统、WMS 仓库管理系统、TMS 运输管理系统等信息化技术实现物流服务的精准高速。

1. DPS(电子标签)系统

实现单品精准管理，提高拣配商品的效率，作业时间大幅缩短，作业效率提高 2 倍以上，作业精度提高 10 倍以上，结束了 3C 库单纯依靠人工确定仓位、提取商品的历史。

2. WMS 仓库管理系统

WMS 仓库管理系统，主要包括库存管理、库位管理、越库管理、月台管理等功能，能够很好地管理巨量仓位的作业，并有效支持不同用户的各项信息需求，更加合理地平衡工作负载，从货位优化、减少包装损坏、减少商品识别错误、提高库存准确性等细节入手，提高有限仓储空间利用率，降低作业成本，在入库处理、库存管理、出库处理、费用结算等方面创造更多的物流价值。

3. TMS 运输管理系统

TMS 运输管理系统，将为解决订单的零售配送和长途配送，优化路线排程计划，显著减少配送里程和工作时间等方面发挥巨大作用，把人员从人工派工的不利局面中彻底解脱出来，极大地提高工作效率，获取更大利润空间。

苏宁物流将进一步提升物流的"智慧化"水平，全面推广 TMS 系统，为顾客提供按需配送和实时在线查询服务，深化 WMS 开发和应用，提高信息交互能力。持续打造标准化流程，开发信息系统与外部物流合作方的信息接口，形成内外部"智慧"整合互通。

苏宁物流将着力于基地建设和服务能力提升，不断优化仓储管理系统和配送管理系统，深化 WMS、TMS 等系统的运用，提高仓储能力和配送效率，实现高速存取，快速运输、准时送达，提供零售配送、干线运输、长途调拨、小件快递、门店调拨业务。

从网络纵深上，覆盖中国大陆地区所有一、二线城市，并辐射城市半径 150KM 的范围；同时将完成 1785 个县级城市和 500 个发达乡镇的终端网络布局，在偏远区域，将寻找第三方物流进行整合外包，弥补网络空白，实现大陆地区全境纵深覆盖。

通过整合社会资源、面向内外部顾客开放，持续推进自动化、信息化、智慧化，提升广域覆盖能力，打通整体服务价值链，全面实现苏宁物流"在准确的时间把准确的货物送到准确的地点"的核心价值。

【实训目的】

通过以上案例以及调查苏宁物流系统的使用情况，使学生加深了解物流系统的内容和应用，培养学生自主阅读及调查的能力，提高学生分析和解决问题的能力。

【实训内容】

(1) 结合案例分析物流系统的主要组成部分；

(2) 上网查找并记录苏宁应用物流系统的情况；

(3) 分析物流系统的使用给苏宁带来了哪些好处。

训练项目	训练要求	备　注
分析案例中苏宁使用物流系统的情况	通过案例中苏宁物流系统的使用情况，分析物流系统的主要组成部分	考查学生对物流系统基础知识的掌握能力及阅读分析能力
自主查找苏宁应用物流系统的情况	学生以个人为单位上网搜索苏宁在物流系统方面的具体应用，并记录下来	培养学生的主动思考能力
以小组为单位，分析问题	以小组为单位，结合以上分析的物流系统内容及从网络上查找的物流系统应用情况做PPT，总结物流系统的应用给苏宁带来了哪些好处	培养学生总结能力以及团队合作意识

第三章　物流服务与物流质量管理

【学习目的与要求】

- 掌握物流服务的内涵、基本特点以及提高服务服务水平的手段;
- 了解物流客户服务的衡量标准、物流服务的框架以及物流服务的重要意义;
- 熟悉物流服务的对象;
- 掌握物流质量管理的内涵、基本特点、提高服务质量的基本途径和企业物流质量改进的措施;
- 了解物流质量管理的任务和基本工作、原则和物流质量管理体系;
- 熟悉常用的物流质量管理指标。

【引导案例】

沃尔玛于 20 世纪 60 年代创建，在 20 世纪 90 年代一跃成为美国第一大零售商。在短短几十年的时间里，沃尔玛的连锁店几乎已遍布全世界，并以其优质快捷的服务、惊人的销售利润、先进的管理系统而闻名全球。沃尔玛的快速成长，与其卓越的物流管理思想及其实践密切相关。

1. 物流系统

沃尔玛十分重视其物流运输和配送中心，在物流方面投入了大量的资金。物流运营过程中，沃尔玛逐步建立起一个"无缝点对点"的物流系统。所谓"无缝"，即整个供应链连接非常顺畅。沃尔玛的供应链是指产品从工厂到商店货架的整个物流系统，这种产品的物流应当是尽可能平滑。

2. 物流循环

沃尔玛物流的循环与配送中心是联系在一起的，配送中心是供应商和市场的桥梁，供货商直接将货物送到配送中心，从而降低了供应方的成本。沃尔玛的物流过程，始终注重确保商店所得到的产品与发货单上完全一致，精确的物流过程使每家连锁店接受配送中心的送货时只需卸货，不用再检查商品，有效降低了成本。

3. 指导原则

沃尔玛施行统一的物流业务指导原则，不管物流项目是大还是小，必须把所有的物流过程集中到一个伞形结构之下，并保证供应链上每个环节的顺畅。这样，沃尔玛的运输、配送以及对于订单与购买的处理等所有的过程，都是一个完整的网络当中的一部分。完善合理的供应链大大降低了物流成本，加快了物流速度。

4. 电子数据交换(EDI)技术

20世纪70年代后期，沃尔玛采用了EDI技术，对所有产品制定统一的代码、即UPC代码，商品的运送与销售都要扫描该码，可以清楚地了解商品的供应及销售情况，合理地预测未来的行情。EDI技术使得订单处理实现了无纸化，提高了自动补货系统的准确度。商品的信息直接传送到总部，减少了信息扭曲，有助于上层领导做出正确的决策。

5. 零售链接

供应商与沃尔玛的计算机系统互相连接，供应方可以了解其商品的销售情况，并对未来生产进行预测，来决定生产策略，从而丰富了供应方的市场信息，减少不必要的博弈成本。

(资料来源：中国企业培训网)

思考：

沃尔玛物流给了我们哪些启示？

一、物流服务管理

市场经济时代，产品的质量、价格和特点的相似性，使得许多企业都将能给客户提供差别化的特殊服务作为竞争优势，这种差异化的客户服务能给企业带来竞争优势的同时吸引新的客户。物流服务作为企业的一项竞争力，同样可以给客户带来不同的差异化的服务，它已成为企业打造核心竞争力，实现经营和发展战略目标的一项重要手段。同时，一些物流企业也同样在找寻这种能给企业带来优势的差异化的物流服务。

(一)物流服务的内涵

所谓物流服务是指物流企业或企业的物流部分从处理客户订单开始，直至商品送达客户的过程中，为了满足客户的需求，从而有效地完成商品的供应、减轻客户的物流业务负荷而进行的全部物流活动。我们可以从以下三个方面来反映物流服务的内容以及衡量物流服务的水平。

(1) 拥有顾客所期望的商品(存货保障)。

(2) 在顾客所期望的时间内传递商品(输送保障)。

(3) 符合顾客所期望的质量(质量保障)。

物流服务主要是围绕着顾客所期望的商品、订货周期以及所期望的质量而展开的，在企业的经营管理中占据相当重要的位置。物流服务的表现形式多种多样，但是都可以理解为是衡量某物流系统为某种商品或服务创造的时间和空间效用好坏的尺度。

(二)物流服务的基本特点

物流服务具有以下几个方面的基本特点。

1. 从属性

物流企业的物流服务一定是按照货主的需求而提供的，这是因为货主企业的物流需求是以商流为基础，伴随着商流的发生而发生的，包括流通货物的种类、流通时间、流通方式、提货配送方式等都是由货主选择并最终决定的，因此可以说物流服务必须从属于货主企业。

2. 即时性

物流服务是一种无形的非物质形态的劳动，这种无形服务伴随着销售和消费的发生同时发生，也就是一种即时服务。

3. 移动性和分散性

物流服务的对象分布广泛而且大多数是不固定的，所以，物流服务也具有分散和移动的特性。这种移动性和分散性会增加产品局部的供需不平衡，同时给企业的经营管理带来一定的难度。

4. 需求波动性

由于物流服务对象数量多而又不固定，客户的需求方式、数量也各不相同，需求的波动较强，这种需求的强烈波动有时也容易造成供需失衡，成为在经营上劳动效率低、费用高的重要原因。这就迫使物流企业为不同的客户提供多样化的区别服务。

5. 可替代性

物流服务的可替代性主要表现在两个方面：一是站在物流活动承担主体的角度看，物流服务可以由供应方也就是卖方承担，又可以由需求方也就是买方承担，同时也可以委托给专业的物流服务供应商，即第三方来完成物流服务。因此，物流服务是可以替代的一种服务，这种可替代性对于专业物流企业来说，不仅有来自行业内部的竞争，也有来自货主企业的竞争。如果物流行业整体水平难以满足货主企业的需求，那就意味着物流企业会失去一部分市场。这也就是说，如果在物流行业的服务水准难以达到货主要求的情况下，货主企业就会以自营物流的形式来完成物流任务。二是站在物流企业所能提供的服务种类看，比如运输服务种类就包含了公路、铁路、船舶、航空、管道等多种运输方式，货主可以对服务的成本和质量等各种相关因素权衡之后，自主选择运输方式，这些运输方式之间具有可替代性，同时不同运输手段之间存在竞争关系。物流服务的可替代性，对于货主企业来说增加了物流服务实现形式选择的灵活性，但对物流企业，特别是运输企业来说，就增加了经营难度。

(三)物流服务的衡量标准

物流服务的衡量标准通常表现为以下几点。

1. 库存保有率

良好的库存保有率不会发生效益良好时由于缺货造成订单延误的情况，也不会发生库存成本讨多占用公司运营成本的情况。合理的库存有利于提高物流整体的效率，同时可以为客户提供高水平的物流服务。库存水平高决定了客户对所需商品的可得率高。

2. 订货周期

订货周期是两次订单的间隔时间，即从客户发出订单、提出购买产品或服务的要求到收到所订购产品或服务所经过的时间。一般订货周期包括订单准备、订单传递、订单登录、按订单供货、订单处理状态跟踪五部分。一个订货周期所包含的时间要素就包括订单传输时间、订单处理时间、生产时间、配货时间、送货时间，这些要素直接或间接地受库存的政策、运输的方式和计划的方法、订单处理的程序与订单传输方式的选择影响，同时也对客户对所需产品或服务获得时间有一定影响，也就是对客户服务产生影响。

3. 配送率

配送率是指满足客户配送要求的比率。现代客户由于多样化的需求，对单一产品数量的需求就相对减少，也就是库存内产品的数量减少甚至为零，相应地对产品需求配送的次数就会增多，高频率、小批量的配送模式为多数企业和客户所需要，减少客户库存的同时减少了资金的占用。

4. 商品完好率

商品完好率是指商品送达最终客户手中时的完好程度。商品从供应商到客户手中的过程会经过运输、储存、装卸搬运、配送等环节，到达客户手中时，商品有破损的可能性，那么商品的完好率就可以成为是否满足客户需求的服务指标。

(四)物流服务的框架

物流服务的框架，如图 3-1 所示。

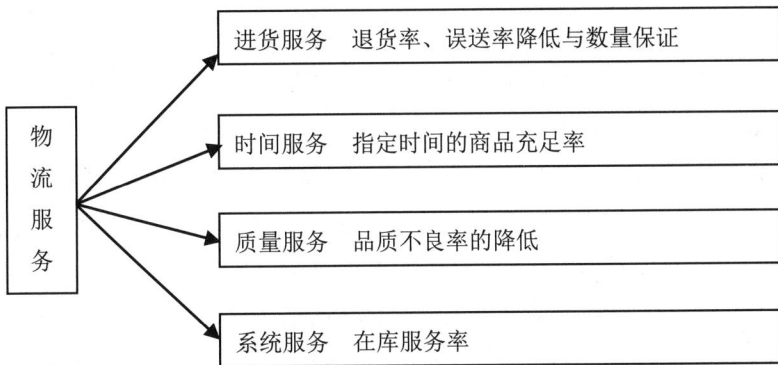

图 3-1　物流服务的框架

(五)物流服务的重要意义

物流服务具有以下几个方面的重要意义。

1. 物流服务已逐步成为企业差别化经营的重要部分

如今物流服务功能已经不再仅仅停留在商品的传递和保管储存等一般性活动，也不再仅仅作为企业生产经营的附属职能，而是作为客户服务的重要组成部分，作为企业实施差别化经营的一种重要方式。由于多样化和分散化的市场需求，企业想要在竞争中取胜，想要在不断变化的市场中脱颖而出，就必须不断迅速有效地满足不同类型、不同层次、不同客户的需求，而差别化战略经营中的一个重要的部分就是差别化的物流服务。

2. 物流服务水准的确立深刻地影响着企业经营绩效

物流服务随着市场机制和价格机制的变化不断地变化着，而且越来越具有经济性特性，已经开始成为企业经营战略重要部分的物流服务通过影响供求关系影响着企业的经营绩效。过高的物流服务会损害企业经营绩效，不利于企业的稳定和发展，合理制定物流服务水准对企业发展十分必要，不仅仅要从成本角度考虑，也需要从优化物流活动来考虑。物流服务水准是企业战略经营需要考虑的重要因素。

3. 物流服务方式的合理选择能够有效降低企业经营成本

企业除了在原材料、零配件、人工成本等有形角度降低经营成本外，作为第三利润源泉的物流也成为企业降低成本的必要考虑要素。合理的物流不仅仅可以提高企业的流通、保管效率，更能降低其相应的费用，提高企业的竞争实力。

4. 物流服务是有效连接供应链经营系统的重要纽带

随着经济全球化、市场网络化的发展，也伴随着供应链的产生，企业之间的竞争已经从单一的企业间上升到企业所处的整条供应链的竞争，物流服务贯穿于整个供应链的竞争始终，成为有效连接厂家、批发商、零售商即供应链各部分的一个重要纽带。例如，以商品为媒介，物流服务可以减少供应商、批发商、零售商之间的隔阂，有效推动商品从生产地到消费地的流动；另外，物流服务通过特有的物流系统和物流设备不断将商品的销售、在库、出库等重要信息实时监控并反馈给供应链中的所有企业，使各个环节中需要调节的部分能及时调整达到最优应对市场变化的目的，进而创造整体最优的供应链模式。

(六)基本物流服务、增值物流服务、超值物流服务

1. 基本物流服务

基本物流服务，顾名思义是指向所有的顾客提供支持的最低的服务水准。一般表现为物品的可得性及物流的作业表现，其中作业表现是处理从订货入库到交付的过程。作业衡量就可以通过速度、一致性、灵活性和故障与恢复等方面来具体说明所期望的作业完成程度。

2. 增值物流服务

增值物流服务是指对具体的顾客进行独特的服务，是超出基本服务方案的各种延伸服务。我国物流的增值服务大多停留在以下四个方面：①在比较简单的手工服务上，技术性通常不强，容易模仿，比如简单的分拣、包装、贴标签或条码、组装、拆卸等；②可以提供简单的专业化服务，如物流方案设计、提供个别货物处理需要等；③参与客户的内部管理运作。如收取终端客户的费用和开发票等；④与其他行业联合，提供扩展服务，如与金融业联合，提供仓单质押等服务等。未来的物流增值服务将向更专业化、高技术含量的服务过渡。比如售后维修服务、精细的组装和拆卸服务；协助客户提供个性化服务，如产品说明书翻译、致客户信内容更改等；协助客户收集、分析市场的资料；进行数据的统计和相关研究分析，为客户提供决策分析资料(销售资料/客户资料/产品资料)，等等。

3. 超值物流服务

超值物流服务包含更广泛和丰富的服务内容，既包括从现代物流的各种创新服务到物

流服务过程中的环境协调，也包括为客户提供"零缺陷"高质量、高效率的满意服务，其中完美订货服务是具有突出意义的物流超值服务。

(七)物流服务对象

根据不同的产品对象，物流企业所提供的物流服务也是有区别的(见图 3-2)。例如，对传统的批量大、品种少的产品和对现代的多品种、小批量的产品所提供的物流服务一定是有区别的，前一种通常会采用大批量采购、批量储存和运输的方式，而后一种多采用高频次、小批量采购和储存与配送相结合的服务方式。再比如，针对同一产品的不同生命周期所采取的物流策略也有很大的差异性。

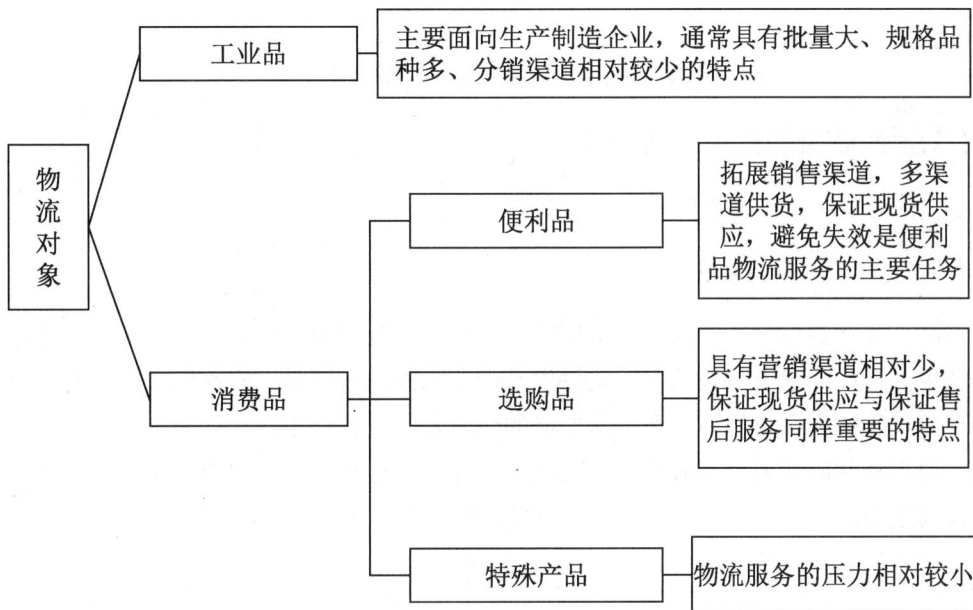

图 3-2　不同物流服务对象的分类及其特点

物流服务管理的目的是以恰当的成本实现高质量的顾客服务。它们两者之间是一种此消彼长的关系，可以说两者间的关系适用于收益递减法则。

物流服务水平的提高，会带来物流成本的上升；反之要降低物流成本，物流服务水平就会相对降低。我们所要追求的是一种理想状态，即加强成本管理的同时，根据物流服务的基本原则，加强物流服务管理，实现成本与服务之间的平衡，实现企业利润的最大，如图 3-3 所示。

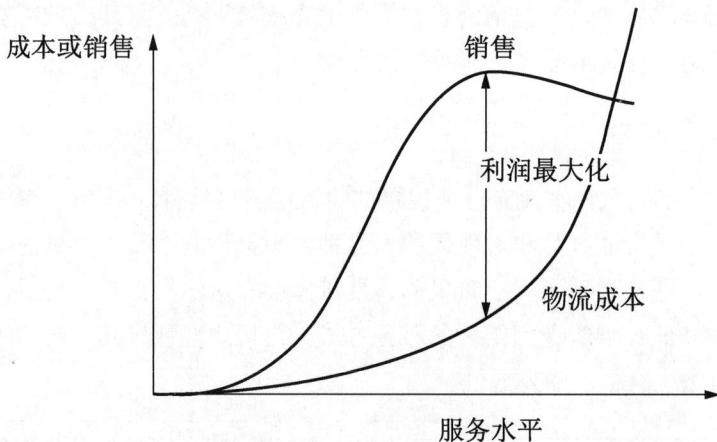

图 3-3　物流服务与物流成本或销售的关系

(八)提高物流服务水平的手段

提高物流服务水平的手段主要有以下几个方面。

1. 转变物流服务的观念

物流企业需要从产品导向型向市场导向型转变，物流服务水平的确定应充分考虑需求方的要求。产品导向型的物流服务是以生产企业为重点考虑的，容易出现服务水平设定失误的现象，无法根据市场环境和竞争格局的变化及时进行调整，而且很难真正满足顾客的需求。而市场导向型的物流服务正好相反，它完全是根据经营部门的信息和竞争企业的服务水准制定的，以消费者也就是需求方的需求为重点进行考虑，既避免了过剩服务的出现，又能及时进行控制和调整。

2. 实施多种物流服务组合的方式

由于现代客户的需求一般具有差异化，对物流服务的需求也不可能是完全一致的，这就要求物流企业可以提供多种物流服务或者是一种物流服务的组合。这种物流服务的多样化，是根据顾客的类型采取相应的物流服务。这一过程中，物流企业除了根据客户类型来选择相应的物流服务之外，还应考虑企业经营的业务类型，根据营销管理中的产品组合矩阵来确定物流服务的性质。

3. 开发对比性的物流服务

物流企业在分析物流服务要素以及制定物流服务水准的同时，还应当考虑物流服务的差异化，也就是与其他物流企业相比本物流企业的服务需要有自己的服务特色，这既是保证高质量物流服务的基础，也是物流服务战略的重要特征。为实现这一目标，就必须开发对比性的物流服务，充分注意了解和收集竞争对手的物流服务信息。

4. 注重物流服务的动态性

客户需求是不断变化的，这就需要企业的物流服务也要相应地改变，所以就必须充分重视物流服务发展方向和趋势的研究。注重物流服务的动态性是十分必要的。

5. 结合物流服务与社会系统

物流服务并不完全是企业独自的经营行为，它必须与整个社会系统相吻合。物流企业除了要考虑增强本身的服务能力外，还应认真研究相关的物流服务策略。物流企业同样要树立社会的市场营销观念，否则，企业发展的持续性就难以实现。此外，实施有效的物流服务是在企业与社会系统相结合的过程中必须考虑的重要问题。

6. 建立恰当的物流服务管理体制

物流企业要建立一套能把握市场环境变化的物流服务管理体制。物流服务水准要根据市场形势、竞争企业的状况、商品特性以及季节的变化而改变。建立一套合理灵活的服务管理体制，提供恰当的能让顾客满意的物流服务，应该是物流服务管理的前提条件。

7. 建立健全与完善物流中心

物流中心是物流企业提供物流服务的基础性平台，建立健全和完善的物流中心对于保障高质量的物流服务是必不可少的，主要原因在于物流中心的功能表现为通过集中管理订货频度较高的商品使服务对象的进货准确化，提高仓储的服务效率，同时缩短商品的库存时间，提高库存周转率。此外，物流中心在拥有对应多品种、小批量商品储存功能的同时，还具有备货、包装等流通加工功能，从而能实施适当的流通、库存管理和有效的配送等物流活动，这都是高质量物流服务的具体表现。

8. 构建物流信息系统

要实现高效的物流服务，物流企业还应该构筑完善的信息系统，这种信息系统的功能除了接受订货，迅速、完好地向顾客递送商品信息外，更重要的是通过一系列的信息反馈功能，确保物流企业的服务竞争能力。

二、物流质量管理

物流质量管理伴随着现代发展而变得越来越受到企业的重视，多品种、小批量的多样化需求使得物流企业面对的环节越来越多，环境也越来越复杂。企业如果想要获得更高的企业竞争力，为客户提供更加满意的服务就不得不重视物流的质量管理工作。

(一)物流质量管理的内涵

物流质量管理是指研究物流系统运动的客观规律，为满足物流客户的服务需求，通过制定科学合理的基本标准，对物流活动实施的全对象、全过程、全员运用经济办法实施计划、组织、协调和控制的活动过程。

物流质量管理包括了以下四个主要内容。

1. 物品的质量保证及改善

物流对象是具有一定质量的物品，具有一定的等级、尺寸、规格、性质、外观等。物品的这些质量是在生产过程中形成的，物流的过程在于转移和保护这些质量，最后实现对用户的质量保证。现代物品质量体系保证中，对客户的质量保证不仅仅完全依赖于生产，而且也需要依托物品流通。现代物流过程还可以采用流通加工等手段改善和提高物品的质量，一定程度上可以理解为物流过程是物品质量的"形成过程"。

2. 物流服务质量

物流活动本质上具有服务的特性，整个物流的质量目标是企业物流服务质量的形成和提升。服务质量因不同客户的需求而不同，掌握和理解客户需求是每一个物流企业必须做的，具体包括：狭义商品质量的保持程度；流通加工对商品质量的提高程度；批量及数量的满足程度；配送额度、间隔期及交货期的保证程度；配送、运输方式的满足程度；成本水平及物流费用的满足程度；相关服务(如信息服务、索赔及纠纷处理)的满足程度。

3. 物流工作质量

物流工作质量是指物流各环节、各工种、各岗位的具体工作质量。物流工作质量和物流服务质量之间既关联又有差异，物流工作质量是物流服务质量的基础和保证，物流服务质量水平取决于各个工作质量的总和。所以，建立科学合理的管理制度，充分调动员工的积极性，不断提高工作质量，是物流质量管理的重点。

4. 物流工程质量

物流质量的决定因素不仅仅取决于物流工作质量，也取决于物流工程质量。在物流过程中，将对产品和服务发生影响的各因素统称为"工程"，这些因素包含了人的因素、体制的因素、设备因素、工艺方法因素、计量与测试因素、环境因素等。提高工程质量是进行物流质量管理的基础工作，能提高工程质量，就能做到"预防为主"的质量管理。

(二)物流质量管理的特点

物流是一个系统，在系统中各个环节之间的联系和配合是十分重要的。物流质量管理必须强调"预防为主"，明确事前控制的重要性，在上一个物流过程就要考虑下一个物流过程，估计下一个物流过程可能出现的问题，预先可以预防。

总体来说，物流质量管理具有以下几个特点。

1. 全员参与的特点

物流质量涉及物流活动的各个相关环节、相关部门和相关人员，需要依靠各个环节的衔接、各部门的配合和各个员工的积极努力。物流管理的全员参与，正是物流的综合性、物流质量问题的重要性和复杂性所决定的，它反映了企业物流质量的客观要求。

2. 全程控制的特点

现代企业物流质量管理对物品的包装、仓储、配送、运输、流通加工、装卸搬运等各个运输过程进行全过程的质量管理，同时对产品在社会再生产全过程进行全面质量管理。

3. 全面管理的特点

物流质量管理不仅仅需要对物流对象本身进行管理，而且需要对物流工作质量和物流工程质量进行管理，最终对物流成本和物流服务水平进行控制。

4. 整体发展的特点

物流系统是一个完整统一的系统，任何一个环节的问题都会影响到物流服务的质量，所以加强物流质量管理就必须从系统的各个环节、各种资源以及整个物流活动的相互合作协调做起，通过强化整个物流系统的质量来促进物流质量的整体发展。只有物流质量管理的整体发展才能实现现代企业物流管理的目标。

(三)物流质量管理的任务和基本工作

无论是国内市场还是国际市场，企业没有产品质量上的优势就没有竞争的地位，甚至无法进入市场。质量战略已成为21世纪呈现在世界各国企业面前的发展战略上的重大的跨世纪的选择，因此，全面质量管理势在必行。

物流工作内涵复杂，从总体来看，其质量管理的直接任务有以下三个方面。

1. 质量保证

质量保证是指为使人们确信某一产品、过程或服务的质量所必须的全部有计划、有组织的质量保证活动。也可以说是为了提供信任，表明实体能够满足质量要求，而在质量体系中实施并根据需要进行证实的全部有计划和有系统的活动。

2. 质量保护

质量保护是指保质保量地把客户需要的产品交付到其手中的过程，以及对产品的质量进行保护的手段。

3. 为客户服务

物流质量管理必须满足生产者和客户的需求，保证生产者的产品保质保量地交付给客户，同时保证交付到客户手中的产品是客户所需要的。这两方面的需求是矛盾统一的。比如过分强调满足生产者需求，商品虽然保证了质量并送到了客户手中，但是有时会使得客户难以承担过高的成本，这就与物流成本中最经济这一要求相违背。所以物流质量管理的目标是用最经济的方法为客户提供满足其需求的质量服务。

物流质量管理的基本工作主要有三个：建立必要的管理组织和管理制度，做好物流质量管理信息工作，做好实施质量管理的标准化和制度化工作。

(四)常用的物流质量管理指标

1. 物流运输作业质量指标

物流运输作业质量指标包括：物品损坏率、装载效率、正点运输率以及运力利用率。

物品损坏率=年货损总金额/年货运总金额×100%

装载效率($M_运$)=车辆实际装载量/车辆装载能力×100%

正点运输率(Z)=年正点运输次数/年运输总次数×100%

运力利用率(Y)=实际吨公里/运力往返运输总能力(吨公里数)×100%

2. 物流仓储作业质量指标

物流仓储作业质量指标包括：仓储吨成本、设备利用率、仓库利用率以及仓库吞吐能力实现率。

仓储吨成本($C_仓$)=仓储费用/库存量

设备利用率(L)=全部设备实际工作时数/设备工作总能力时数×100%

仓库利用率(R)=存储商品实际数量或容积/设计库存数量或容积×100%

仓库吞吐能力实现率(T)=计划期内实际吞吐量/仓库设计吞吐量×100%

3. 物流配送作业质量指标

物流配送作业质量指标包括：按期交货率、商品完好率、缺损率以及客户满意度。

按期交货率=按期交货次数/总交货次数×100%

商品完好率(W库)=交货时完好商品量/配送商品总量×100%

缺损率=缺损商品量/配送商品总量×100%

客户满意率=客户满意配送商品数量/客户要求配送商品总数×100%

4. 物流库存管理质量指标

物流库存管理质量指标包括：库存资金周转率、供应服务水平以及缺货率。

库存资金周转率(次)=全部供应金额/平均库存金额

供应服务水平=供应量/需求量×100%

缺货率=缺货数量/存货需求数量×100%

(五)物流质量管理的原则

物流质量管理的原则主要包括以下几个方面。

1. 采购活动的质量管理原则

采购活动的质量管理原则主要包括以下几个方面。

(1) 订货的供、需双方要了解对方的质量管理活动，共同实施这一环节的质量管理。

(2) 双方要保持本身的自主性，同时要尊重对方质量管理的自主性。

(3) 要互相提供双方所需了解的事项，以使双方的质量管理协调一致。

(4) 双方必须缔结合理的契约，以使质量管理建立在法律的基础上。

(5) 供货方应保证产品具有满足使用要求的质量。

(6) 在契约中应规定能满足双方要求的评价方法。

（7）在契约中要规定解决纠纷的办法和手续。

（8）双方为实施质量管理所交换的必要情报资料。

（9）双方应认真实施本企业的质量管理。

（10）双方在交易活动中必须认真考虑最终消费者的利益。

2. 物流活动的质量管理原则

物流活动的质量管理原则主要包括以下几个方面。

（1）必须建立有效的物流质量管理的协作形式，明确主要责任部门和委托、分包等协作部门的质量管理责任。

（2）物流部门对提供物流基本服务的企业应了解供、接货部门的要求，并以此安排工作。

（3）各方要共同防止质量不良的产品或包装进入物流过程。

（4）各方为保证物流质量并取得最好的经济效果，应共同推行包装、装卸、运输等的标准化和规格化，使物流系统的各个环节都有合乎要求的工程质量。

（5）保证使用者的利益，建立对用户的赔偿制度。

3. 接货验收活动的质量管理原则

接货验收活动的质量管理原则主要包括以下几个方面。

（1）接货验收的质量管理不以检验为唯一形式。

（2）接货单位应该实行预防前移。

（3）在对进货质量和流通质量没有把握的情况下，要实施认真的检查。

（4）检查严格按标准或合同规定的项目和方法进行。

4. 仓库活动的质量管理原则

仓库活动的质量管理原则主要包括以下几个方面。

（1）有关管理人员要充分了解生产的要求和订货与进货的可能性，并结合仓库管理的经济性，确定最优的库存量和平均库存时间。

（2）应根据经济性的原则来确定管理要求、存放条件和存放方式，进一步确定质量保证的程度。

（3）必须充分了解和掌握有关储存物的情报，在充分了解和掌握其性能、质量、变化条件和基础上确定保管方式。

（4）对产品的质量保护应从两方面着手：一方面是进行技术处理，另一方面是建立和健全仓库的收、发、存组织系统，设立"先入先出"的流程，设有商品包装和储存位置的明确标志，建立有效的收、发、存流程和制度。

(5)　推行储存单位、包装制度、标示制度、保管条件、维护方法、装卸搬运、堆码操作方法的标准化。

(6)　应用信息化技术仓库管理精细化，不断提高仓库工作质量和工程质量

5. 物流服务的质量管理原则

为实现全面的物流服务质量管理，必须有由上至下的思想作为准备，坚定地实施各项物流服务质量措施。但是，必须要有一套战略性的实施原则方能有效地指导物流全面质量管理，来解决在实施过程中出现的不同情况矛盾。具体来说，主要有以下几项原则。

(1)　以顾客为核心原则。

(2)　领导带动原则。

(3)　全员参与原则。

(4)　持续改进原则。

(5)　基于数据的决策方法原则。

(6)　与合作方互利的关系原则。

(六)提高物流质量的基本途径

提高物流质量的基本途径主要有以下几个方面。

(1)　树立物流整体质量管理思想，将核心服务和辅助服务构成服务组合。真正形成物流整体质量管理的认识，认真做好物流服务过程的整体质量管理，整体考核现代企业物流服务质量管理水平，提高现代企业内部物流质量和外部物流服务质量。

(2)　建立有效的物流质量管理信息系统，建立实时的物流质量监控体系。计量顾客对物流质量的期望，强调信息质量，实时监控物流质量状况。

(3)　与国际接轨，贯彻 ISO9002 质量标准。企业物流质量管理在实际贯彻中，要大力宣传和培训，使员工都意识到实施 ISO9002 的重要性，提高实施的积极性和自觉性。企业物流质量管理中要坚持原则性和灵活性相结合。

ISO9000 系列是 1987 年国际标准组织制定颁布的国际通用的"质量管理和质量保证"系列标准，它由五个标准组成，即 ISO9000 至 ISO9004。

ISO9000 是用于选择和使用 ISO9001、ISO9002、ISO9003 等各项标准的指南。ISO9001 是从设计、开发、生产、安装到用户服务的质量保证模式；ISO9002 是生产、安装和服务的质量保证模式；ISO9003 是最终检验和试验的质量保证模式。以上四个质量保证标准，可作

为质量认证中审核评定企业质量体系的依据。ISO9004 是有关质量管理和质量体系要素的指南，为非合同环境下企业内部质量管理模式。

(七)企业物流质量改进的措施

企业物流质量改进的措施主要包括以下几个方面。

(1) 建立和完善现代企业物流质量管理的计量、评估体系，切实消除现代企业物流过程中的差错。

(2) 积极引进现代质量管理理论和技术，提高质量管理水平。

(3) 运用有效的激励措施，实行全员质量管理。

(八)物流质量管理体系

物流质量管理体系是指为实施物流质量管理所需的组织结构、程序、过程和资源，物流质量管理体系是物流质量管理的核心，是组织机构、职责、权限、程序之类的管理能力的综合体。物流质量管理体系涵盖物流对象的质量、物流工作质量、物流工程质量和物流服务质量四个方面的内容，核心部分是物流服务质量。

物流企业要提供让用户满意同时是有竞争力的产品和服务，除物资条件外，更重要的是人的素质。人的素质包括人的思想政治素质、业务素质、知识结构、职业道德等。对物的质量管理体系，除物流企业自身以外，还与供应商、协作商相关，只有搞好这三个方面的质量管理，才能真正有效地保证物流的质量。

1. 物流质量管理体系的组成

物流质量管理体系主要由以下几个方面组成。

(1) 管理职责。管理职责的基本内容是制定质量方针，确定质量目标，并积极进行质量的策划。

(2) 资源管理。资源管理是物流质量管理体系的主要内容。物流产品或物流服务的形成过程是利于资源实施增值转换的过程。

(3) 物流质量形成过程。在一个企业内，物流过程相互联系、相互作用。

(4) 实施物流提升所需的测量、分析和改进。这主要包括监控和改进企业业绩对所需数据的记录、收集、分析、汇总和沟通。

2. 物流质量管理体系的特点

物流质量管理体系具有以下几个方面的特点。

(1) 整体性。体系不是各种要素的简单集合，而是各体系要素按照企业物流的总体目标，根据一定的规则行动组成的集合体，它以整体或全局概念来协调体系各要素之间的联系，使体系的功能达到最优。

(2) 相关性。在体系内各要素之间具有一定的相互依赖、相互作用、相互促进和相互制约的特殊关系，形成一定的结构秩序和活动规律。

(3) 目的性。体系是为了实现特定的目的而建立的，是以实现体系的特定结构与功能。

(4) 环境适应性。体系存在于一定的环境之中，而环境又是在不断变化和发展。

3. 物流质量管理体系的作用和目标

物流质量管理体系是企业成功的保证，可以实现对物流产品或服务过程的系统化管理，是提供对物流产品或服务技术规范的补充和保证，它证实了物流质量保证能力，并为物流质量保证提供有效性的依据，它是顾客和物流企业的共同需要。物流质量体系的认证可以提高企业的质量信誉，可以指导需方选择供方单位，同时促进企业健全其质量体系，并且可以一定程度上增强国际市场竞争能力，减少社会重复检查费用，有利保护消费者利益。

通过质量管理体系的建立和运行，开展企业内部质量管理活动，确保产品质量，使顾客满意；通过质量管理体系的第三方认证和注册，向顾客和社会展示企业具有的保证产品质量的能力。

4. 物流质量管理体系建立的程序

1) 组织和策划

(1) 学习 ISO9000 标准，统一思想。

(2) 组织管理，层次决策。

(3) 建立工作机制，进行骨干培训。

(4) 制订工作计划和程序。

2) 总体设计

(1) 制定质量方针和质量目标。

(2) 对质量体系总体进行设计分析。

(3) 依环境特点选择质量体系类型。

(4) 对现有质量体系调查评价。

(5) 确定体系结构，选择体系要素。

3) 体系建立

(1) 建立组织结构。

(2) 规定质量职责和权限。

(3) 配备质量体系所需要的基本资源。

4) 编制文件

(1) 编制质量体系文件。

(2) 体系文件的审定、批准和颁发。

5) 实施和运行

(1) 质量体系的教育培训。

(2) 质量体系的实施和运行。

(3) 质量体系的审核和评审。

(4) 质量体系实施中的检查考核。

5. 如何建立物流质量保证体系

(1) 制订明确的质量计划和质量目标。

(2) 建立一套灵敏的物流质量信息反馈系统。

(3) 建立一个统一的物流质量管理机构。

(4) 组织供应商、合作商、协作商、销售商、分销商、零售商的物流质量活动。

(5) 广泛组织质量管理小组活动。

6. 质量管理体系认证的实施步骤

质量管理体系认证的具体实施有以下四个步骤。

(1) 申请认证。企业组织向其自愿选择的某个体系认证机构提出申请，按机构要求提出申请文件，包括组织质量手册。

(2) 体系审核。体系认证机构指派数名国家注册审核人员实施审核工作，包括审查组织的质量手册，到组织现场查证实际执行情况，提交审核报告。

(3) 审批与注册发证。体系认证机构根据审核报告，经审查决定是否批准认证。

(4) 监督。在证书有效期内，体系认证机构每年对组织至少进行一次监督检查，查证组织有关质量管理体系的保持情况，一旦发现组织有违背有关规定的事实证据，即对该组织采取措施，暂停或撤销组织的体系认证。

本章知识结构图

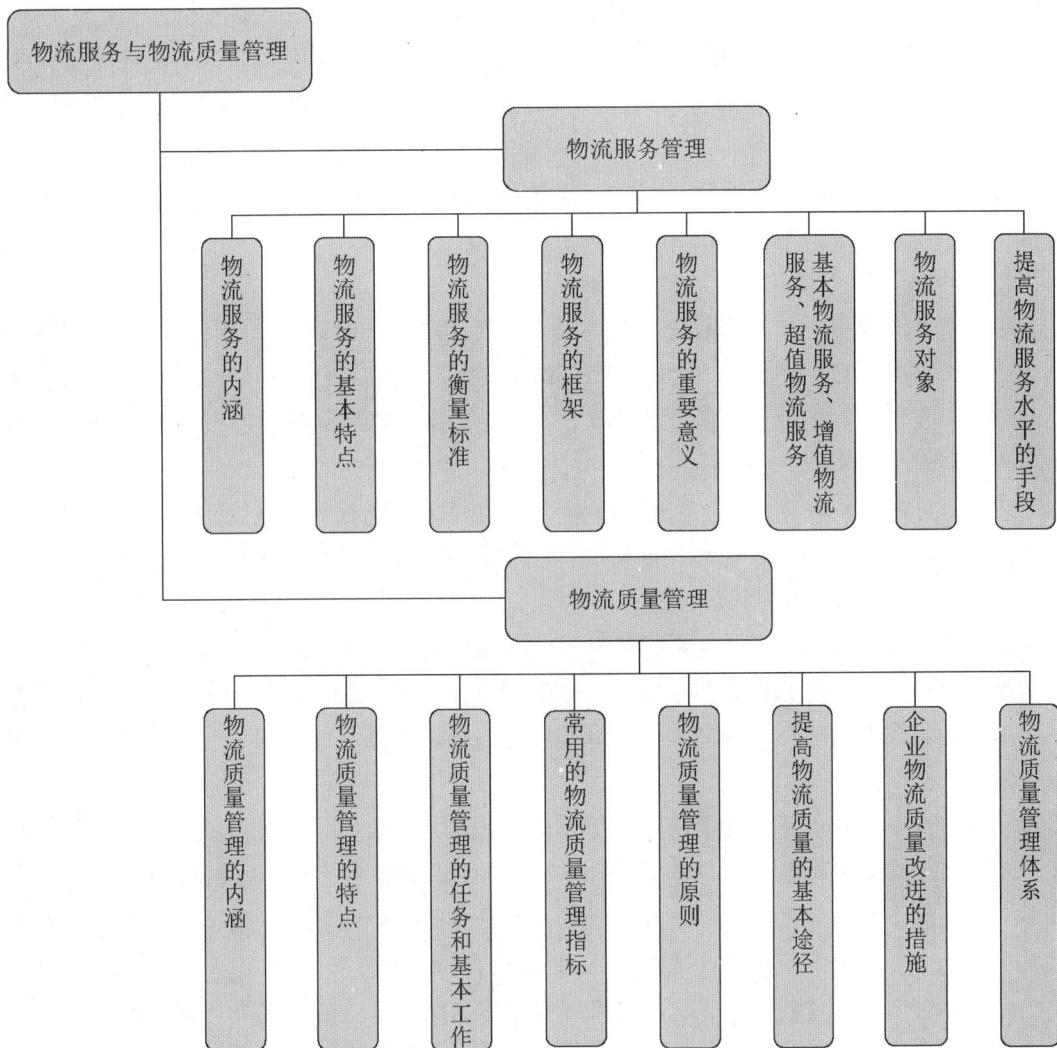

物流服务与物流质量管理

物流服务管理

- 物流服务的内涵
- 物流服务的基本特点
- 物流服务的衡量标准
- 物流服务的框架
- 物流服务的重要意义
- 基本物流服务、增值物流服务、超值物流服务
- 物流服务对象
- 提高物流服务水平的手段

物流质量管理

- 物流质量管理的内涵
- 物流质量管理的特点
- 物流质量管理的任务和基本工作
- 常用的物流质量管理指标
- 物流质量管理的原则
- 提高物流质量的基本途径
- 企业物流质量改进的措施
- 物流质量管理体系

扩 展 阅 读

顺丰"嘿客"合体"优选"，构建物流服务新模式

2015 年 5 月 18 日是顺丰"嘿客"的一周年庆典，结果顺丰送出的豪华生日礼物是，

首家顺丰家在深圳开业。顺丰方面对外的口径为，这是"嘿客"的升级，即嘿客 2.0 升级版门店。

此外，"嘿客"和"顺丰优选"这两个原本相互独立的线上线下平台，2015 年 5 月初通过系统集成的方式合体。此次合体则宣告"顺丰商业"版图的正式成型。

对于"嘿客"与"顺丰优选"的合体，以及"嘿客"的此次升级，业界主要关注升级后的"顺丰家"与"嘿客"到底有什么区别？"顺丰家"是"嘿客"的升级，还是替代品？顺丰商业的大战略布局又是怎样的？

对此，顺丰集团副总裁、原顺丰优选 CEO 李东起首次以顺丰商业事业群首席执行官的身份接受了《每日经济新闻》记者的采访。

1. 先建店再摸索模式：顺丰嘿客与优选合体

据了解，与嘿客 2.0 合体后的"顺丰优选"网站定位，已由原来的"顺丰速运旗下全球美食优选网购商城"更改为"优选商品，服务到家"。嘿客 2.0 也融合了更多优选元素，不仅原"嘿客"的标志性"黑色"被替代，"优选商品，服务到家"八个字也出现在"顺丰家"的招牌中。

此外，打包整合后的"顺丰商业"归属"顺丰控股(集团)有限公司"，后者是顺丰 2013 年引入招商局等四大资本后变更的控股平台。这意味着顺丰商业独立于顺丰速运，为顺丰控股下属的资产业务。

对于这些细节变化，李东起告诉记者，"顺丰优选"未来一定会越来越"平台化"；而从嘿客 2.0 开始，将客户对顺丰的物流体验，想办法扩大到其他方面，为更多商家提供全渠道的分销服务。这样可利用顺丰的社区网点和物流能力，集中在一个地方服务，创造一个规模化的商业机会。

"顺丰商业实际上是把顺丰的已有资源进行整合。"李东起表示。在李东起看来，未来，物流商除满足电商配送的基本需求外，还应该利用线下和客户直接接触的机会，延伸服务来满足更多个性化需求。比如客户服务、客户体验、冷链配送、代收货款等，这是未来发展的大趋势，也是顺丰商业区别其他 O2O 模式的一大特点。

对于"嘿客"目前的经营现状，李东起则坦言，嘿客 1.0 的确更多是在"试"，和外界的期望比起来难免会有差距。"(但)通过一年努力，嘿客已成功把顺丰快件末端和门店结合起来，就凭这一项，嘿客就有巨大价值。"

一直鲜有露面的顺丰创始人、顺丰速运集团总裁王卫，此前不久在接受《中国邮政快递报》采访时也坦言，目前，嘿客的商业模式还不够完善，是选择等待商业模式成熟后再建店，还是先建店再摸索商业模式，顺丰选择后者。

王卫还指出，B2C 是市场未来的发展方向，而顺丰原有的业务优势在 B2B，布局嘿客正是为了探索一种能够更好地服务 C 类客户的模式。嘿客的经营模式也不应该是统一的，要根据社区消费者的生活习惯和消费习惯进行调整。

2. 行业未来发展趋势：转型物流综合服务商

众所周知，对于整个快递行业而言，如何打通最后的一公里，业界的观点一致寄希望于社区的便利店上，而便利店行业的发展，也逐渐显露出了"抢占社区"的势头，因此，快递与便利店的合作，成了业界的共识。

此外，在一些业内人士看来，随着 2014 年业务量突破百亿大关，我国快递行业已走到新的路口，转型现代物流综合服务商是行业未来的发展趋势。顺丰的转型一定程度上符合这样的趋势。

据了解，行业的这种转型完全基于快递企业自身强大的物流基因，依靠自身庞大的线下网络资源以及海量客户数据分析，"孵化"出全新的带有"物流"标签的电商、金融和社区服务门店。而这些看似跨界的背后，除通过物流、信息流、资金流的强力整合与无缝对接，夯实物流根基之外，更蕴藏着巨量金矿，吸引各路资本竞相争逐。记者了解到，李东起顺丰商业 CEO 的任命和顺丰金融 CEO 的到任几乎发生在同一时间节点——2015 年春节前后。也正是从顺丰商业、顺丰金融两大内部事业群成立起，过去一直以"速运"形象被外界熟知的顺丰集团，正悄然发生着一场公司内部架构的重大调整。

(资料来源：每日经济新闻，http://henan.china.com.cn/finance/2015/0526/396477.shtml)

同 步 测 试

一、单项选择题

1. (　　)是企业为满足客户(包括内部和外部客户)的物流需求，开展的一系列物流活动的结果。

    A. 物流服务　　　　B. 客户服务　　　　C. 实体服务　　　　D. 需求服务

2. (　　)是指对具体的顾客进行独特的服务，是超出基本服务方案的各种延伸服务。

    A. 基本物流服务　　　　　　　　B. 增值物流服务

    C. 超值物流服务　　　　　　　　D. 物流客户服务

3. (　　)是有效连接供应链经营系统的重要纽带。

    A. 物流服务方式　　　　　　　　B. 物流市场机制

    C. 物流服务水准　　　　　　　　D. 物流服务

4. 物流服务水平的提高，会带来物流成本的(　　)；反之，要降低物流成本，物流服务水平就会相对的(　　)。

    A. 上升　降低　　　　　　　　　　B. 降低　上升

    C. 上升　上升　　　　　　　　　　D. 降低　　降低

5. (　　)是根据物流系统运动的客观规律，为满足物流客户的服务需求，通过制定科学合理的基本标准，对物流活动实施的全对象、全过程、全员运用经济办法实施计划、组织、协调和控制的活动过程。

    A. 物流服务　　　B. 物流服务管理　　　C. 物流质量　　　　D. 物流质量管理

二、多项选择题

1. 物流服务主要是围绕着(　　)而展开的。

    A. 顾客所期望的商品　　　　　　　B. 订货周期

    C. 所期望的质量　　　　　　　　　D. 客户需求

2. 物流客户服务的衡量标准通常包括(　　)

    A. 库存保有率　　B. 订货周期　　　C. 配送率　　　D. 商品完好率

3. 物流服务的基本特点包括(　　)。

    A. 从属性和即时性　　　　　　　　B. 可替代性

    C. 移动性和分散性　　　　　　　　D. 需求波动性

4. 物流质量管理包括(　　)。

    A. 物品的质量保证及改善　　　　　B. 物流服务质量

    C. 物流工作质量　　　　　　　　　D. 物流工程质量

5. 物流质量管理的特点有(　　)。

    A. 全员参与的特点　　　　　　　　B. 全程控制的特点

    C. 全面管理的特点　　　　　　　　D. 整体发展的特点

三、简答题

1. 简述物流服务的内涵。

2. 简述物流服务的特点。

3. 试说明提高物流服务水平的手段。

4. 简述物流质量管理的直接任务。

5. 简述提高物流质量的基本途径。

四、案例分析题

助力电商，看顺丰从柔性服务到品质物流

2015 年 5 月，为助力 618 促销购物节，顺丰推出了电商助销解决方案，包括：仓配全国一口价、仓储 618 高峰应对方案、退换货服务等。此次，顺丰电商解决方案以全新形象和创新理念展现给世人，集中凸显了客制化、更灵活、人性化、重客户体验等特点，其华丽转变的背后体现了顺丰一直以来从柔性服务到品质物流的沿革。

1. 仓配全国一口价——物流成本先知先觉

顺丰分仓备货即电商商家根据销售预测，提前备货至顺丰仓库，实现就近发货、区内配送、急速送达。该服务目前包含仓储、配送、融资等服务。仓配全国一口价在分仓备货的基础上，将仓内操作费、存储费和快递配送费组合打包，并提供 5 仓一口价和 3 仓一口价等方案，供客户自由选择。

5 仓一口价，即分仓至广州、上海、北京、武汉、成都五大分发中心(RDC)，可覆盖全国 24 个省市。在价格方面，首重 13 元，续重 2 元，此费用包含仓内操作费、存储费和快递配送费；3 仓一口价 A 类，即分仓至北京、广州、成都分发中心，可覆盖 24 个省市；3 仓一口价 B 类，即分仓至北京、上海、成都分发中心，可覆盖 19 个省市。3 仓一口价按月度运费阶梯收费，首重低至 14 元，续重 3 元。90%的城市可实现 24 小时内到货。

此服务将物流价格化繁为简、清晰透明，让物流成本在促销前即可根据订单做出预算，从过去的事后账变成了如今的事前账，真正实现了"胜算在手、胜券在握"。

2. 618 大促预案——生死时效 1 小时

为响应 618 电商大促活动，更好地服务电商商家，保证大促期间的物流服务质量，顺丰推出了仓储 618 高峰应对方案，即高峰期订单猛增出现的人力、场地、设备物资、中转运力、客户投诉、系统等异常紧急问题的响应预案。

对于活动期间，商家订单量暴增引起的订单处理不及时、现有仓库资源短缺、WMS 系统操作不畅、中转运力临时受限四大问题，顺丰制定了完善可行的解决方案，保证 90% 订单做到当日达或次日达。此外，顺丰还制定了 1 小时响应机制，即问题上报后 1 小时内必须得到落实或反馈，最高级别 4 小时内处理完毕。

3. 退换货服务——让电商尖叫的售后小管家

为解决大促激情购物后的退换货难题，顺丰还推出了退换货服务。商家只需获取消费者退换货需求，并通过系统将订单信息输送给顺丰，顺丰即可进行上门服务、当场验货、信息实时回传等，为商家和消费者实现一站式退换货。

退货服务：顺丰小哥 2 小时内主动联系消费者并上门验收退货物品。

换货服务：当消费者有换货需求时，顺丰小哥1小时内到商家或顺丰仓库领取新货，当派送新货时，将先验旧货(如无问题)再交付新货。

此服务将商品售后服务中心开到了消费者的家门口，延伸了商家售后服务。顺丰高品质物流与柔性服务，可有效降低退换商品的损耗率，减少商家与消费者的纠纷，真正实现售后到家、退换无忧，进一步提升消费者体验和品牌感知。

4. 从柔性服务到品质物流

此次顺丰推出的助销方案中，每项服务各有侧重：仓配全国一口价将仓内操作费、存储费和快递配送费组合打包，实现了仓配费用的透明和可预知；仓储618高峰应对方案可有效应对高峰期订单猛增出现的人力、场地、设备物资、中转运力、客户投诉等异常紧急问题。对于大促激情购物后的退换货难题，顺丰退换货服务也可从容应对。

谈及此次电商助销解决方案所映射出的企业态势变化，顺丰仓配物流副总裁龚涛表示：当今，电子商务因为互联网的变化，朝着更加人性化和消费者交互方向去互动和连接。这就要求顺丰在发展过程中必须具备更大的柔性和应变能力，从而帮助我们的客户更好地面对市场波动。

对于消费者来说，顺丰从关注包裹到更多关注消费者在下单、等待和接收包裹这一系列过程中的感知。对于电商商家而言，顺丰关注商家的供应链协作，从库存流动速度到消费者等待时间再到商家成本等。未来，顺丰将与商家携手，共同创造性价比、客户体验和品牌感知。

(资料来源：中国仙桃网)

分析：
请结合案例分析顺丰是如何提高物流服务质量水平的？

项 目 实 训

【实训项目：考察某物流企业的服务】

【实训目的】

通过设计调查问卷，考察企业的物流客户服务水平。

【实训内容】

(1) 安排学生根据所学内容，自行分组并设计企业物流客户服务水平调查问卷。

(2) 调查问卷可选择网络及电话等方式进行调查填写。

(3) 各组同学通过调查问卷的填写结果，分组讨论后，对考察结果进行总结并上交报告。

(4) 分组进行问卷展示和报告总结。

(5) 上交调查问卷及考察报告，由教师根据其给出相应的分数。

【实训要求】

训练项目	训练要求	备 注
物流客户服务调查问卷的设计	通过设计调查问卷使学生对物流客户服务衡量标准有深刻的认识，并针对标准给出具体的调查方案	考查学生对物流客户服务基础知识的掌握能力及问卷设计能力
掌握企业物流客户服务衡量标准	通过对问卷调查结果的整理，使学生对物流客户服务内容和衡量标准有更深刻的认识	培养学生的主动思考能力
培养学生的沟通能力和团队意识	问卷的填写可选择网络和电话，对学生的沟通技能有一定的锻炼，问卷的设计和总结都以团队为单位进行，对学生的团队意识有一定的锻炼	良好的沟通是每一个物流人应具备的素质，合作精神和团队精神的锻炼也必不可少

第四章 物流成本管理

【学习目的与要求】

- 掌握物流成本的内涵、物流成本管理的产生、发展内容和方法。
- 掌握物流成本的相关理论学说。
- 掌握物流成本管理与控制系统、物流功能成本控制的内涵。
- 掌握物流成本核算的含义、原则和方法。
- 掌握作业成本法的含义、步骤和主要特点。

【引导案例】

首列中亚班列从重庆发车：单程 9～11 天完成

随着一声鸣笛，装载着石油钻探勘测设备的中亚班列从沙坪坝区西部物流园团结村集装箱中心站驶出，开往哈萨克斯坦、土库曼斯坦及乌兹别克斯坦。作为渝洽会重要活动之一，中亚班列出行仪式在沙坪坝区西部物流园团结村集装箱中心站举行。来自波兰、罗马尼亚、立陶宛、德国、匈牙利、法国、俄罗斯、荷兰、欧盟、斯洛伐克、奥地利及意大利等国的 64 位 "一带一路" 外籍考察团也参与到其中。"中亚班列经兰州、乌鲁木齐抵挡阿拉山口出境，开往哈萨克斯坦阿拉木图。集装箱将在此地做分拨，再发往中亚其他国家。货物无须中转，有效地降低企业的物流成本。" 重庆中亚物流有限公司执行董事王彬蔚告诉记者，单程运输时间将在 9～11 天完成。为了减少企业物流成本，中亚班列制定了两个措施。集装箱采用混编组的方式，避免空箱运输带来的高成本问题。此外，对于出口量较小的中小企业还可以采取拼箱的方式，共同租赁一个集装箱。"我们有专员根据货类性质和目的地进行分类整理，把去同一目的地的货物拼装在一个集装箱内。到达目的地后，在集装箱货运站进行拆箱完成交货。这可以帮助中小企业降低 50% 的运输成本。" 王彬蔚告诉记者。"下一步，我们将探索在境外设立集装还箱点，实现冻品、果蔬类冷链的国际联运，推进食品、汽车、汽配件、服装等双边贸易。""在我们物流园区的展厅，已经陈列着路虎和杜卡迪两款平行进口新车。通过境外整车进口的方式输入重庆，为市民带来更加实惠的汽车产品。" 重庆西部现代物流园、重庆铁路口岸物流开发有限责任公司董事长罗书权说，"通过渠道重塑、手续简化，将平行进口的贸易理念正式引入，大大缩短了国内消费市场与国外进口整车的空间距离和时间长度"。罗书权表示，随着项目正式签约，包括宝马、奔驰、奥迪、路虎等在内的欧洲品牌车价格将随之逐步下降 10%～30%。比如说，一辆宝马 X3 在欧洲售价 1.4 万欧元，国内市场价格平均在 50 万元，而平行进口价格大约在 35 万元，价格便宜了 30%。

按照计划，重庆西部物流园未来将建立一个国际高端汽车整车及零部件分销中心、跨境电子商务运营中心、现代医药及医疗器械组装及高附加值现代物流平台。对重庆产业集群拓展及产业经济的增长起到重要的作用。

(资料来源：重庆晨网)

思考：

结合案例分析，谈谈物流成本管理与控制的意义有哪些？

一、物流成本管理概述

(一)物流成本的内涵

1. 成本的含义

成本(Cost)是商品经济的产物，是商品经济的一个经济范畴。它是指企业为生产商品和提供劳务等所耗费物化劳动、活劳动中必要劳动的价值的货币表现，是商品价值的重要组成部分。意指为了借由购买或以物易物的方式获得某样物品，或是为了得到他人提供的服务，所花费或付出的金额，其中亦包括预定要花费或是付出的金额，往往和一个商业事件或者经济交易相联系。人们要进行生产经营活动或达到一定的目的，就必须耗费一定的资源(人力、物力和财力)，其所费资源的货币表现及其对象化称之为成本。随着商品经济的不断发展，成本概念的内涵和外延都处于不断地变化发展之中。成本在经济学上指的是无可避免的最高代价。成本因选择而起，没有选择就没有成本。

2. 物流成本的含义

物流成本(Logistics Cost)是指产品的空间移动或时间占有中所耗费的各种活劳动和物化劳动的货币表现。具体来说，它是产品在实物运动过程中，如包装、搬运装卸、运输、储存、流通加工等各个活动中所支出的人力、物力和财力的总和。我国在 2006 年颁布实施的国家标准《企业物流成本计算与构成》(GB 厅 20523-2006)中指出："物流成本是企业物流活动中所消耗的物化劳动和活劳动的货币表现，包括货物在运输、储存、包装、装卸搬运、流通加工、物流信息、物流管理等过程中所耗费的人力、物力和财力的总和以及与存货有关的流动资金占用成本、存货风险成本和存货保险成本。"该定义的物流成本包含的内容有：

①直接在物流环节产生的支付给劳动力的成本，耗费在机器设备上的成本以及支付给外部第三方的成本；②在物流环节中因持有存货等所潜在的成本，如占有资金成本、保险费等。现代物流成本的范围更广，贯穿于企业经营活动的全过程，包括从原材料供应开始一直到将商品送达到消费者手中所发生的全部物流费用。

【同步阅读】

2013年物流成本调查数据

2013年全国社会物流总额197.8万亿元，名义同比增长11.6%，按可比价格计算，同比增长9.5%，增幅比2012年回落0.3个百分点。分季度看，1季度增长9.4%，上半年增长9.1%，前三季度增长9.5%，呈现由"稳中趋缓"向"趋稳回升"转变的态势，全年总体保持较快增长。

从构成情况看，2013年，工业品物流总额181.5万亿元，同比增长9.7%，增幅比2012年回落0.3个百分点。进口货物物流总额12.1万亿元，同比增长6.4%，增幅比2012年回落1.3个百分点。农产品物流总额同比增长4.0%，增幅比2012年回落0.6个百分点。受电子商务和网络购物快速增长带动，单位与居民物品物流总额保持快速增长态势，同比增长30.4%，增幅比2012年加快6.9个百分点；受绿色经济、低碳经济和循环经济快速发展带动，再生资源物流总额快速增长，同比增长20.3%，增幅比2012年加快10.2个百分点，详见《中国物流行业发展现状与区域投资机会分析报告》。

2013年，社会物流总费用10.2万亿元，同比增长9.3%，增幅较2012年同期回落2.1个百分点。2013年，社会物流总费用与GDP的比率为18.0%，与2012年基本持平。这反映出中国经济社会运行的物流成本仍然较高。

(资料来源：中国物流信息中心)

3. 物流成本的特征

物流成本具有以下几个方面的特征。

1) 物流成本的隐含性

物流成本的隐含性是指物流成本费用项目一直被隐含在其他费用项目中，并没有单独列支，企业很难准确辨别哪些属于真正的物流成本，经常被混淆在其他费用项目之中。在传统上，物流成本的计算总是被分解得支离破碎、难辨虚实。由于物流成本没有被列入企业的财务会计制度，制造企业习惯将物流费用计入产品成本，流通企业则将物流费用包括在商品流通费用中。因此，无论是制造企业还是流通企业，不仅难以按照物流成本的内涵完整地计算出物流成本，而且就连已经被生产领域或流通领域分割开来的物流成本，也不能单独真实地计算并反映出来。物流成本的隐含性主要源于以下几个方面：第一，物流活动分散地发生在企业各个功能环节之中，很难清晰界定物流成本的核算范围；第二，现存会计制度的局限性，并没有单独设置物流成本相关项目，导致人们很难清楚地认识和理解物流成本；第三，迄今为止，依然没有找到普遍接受的标准的物流成本核算方法，各部门采用不同的核算方法，相差甚远。

物流冰山现象本来是日本早稻田大学西泽修教授研究有关物流成本问题所提出来的一种比喻，在物流学界，现在已经把它延伸成物流基本理论之一，把它看成是德鲁克学说的另一种描述。物流冰山理论认为，在企业中，绝大多数物流发生的费用，是被混杂在其他费用之中，而能够单独列出会计项目的，只是其中很小一部分，这一部分是可见的，常常被人们误解为他就是物流费用的全貌，其实只不过是浮在水面上的、能被人所见的冰山一角而已。

2) 物流成本的效益背反

交替损益现象，是物流成本的另一个特点。"背反"现象，常称之为"交替损益"现象，即改变系统中任何一个要素，会影响其他要素的改变。要使系统中任何一个要素增益，必将对系统中其他要素产生减损的作用。物流成本的发生源很多，其成本发生的领域往往在企业里面是不同部门管理的领域，因此，这种部门的分割，就使得相关物流活动无法进行协调和优化，出现此长彼消、此损彼益的现象是经常有的。其实，在任何一个大系统中，系统要素之间经常会出现这种矛盾，系统工程的主要目的，也在于从系统高度寻求总体的最优。通常情况下，对物流数量，人们希望最大；对物流时间，希望最短；对服务质量，希望最好；对物流成本，希望最低。显然，要满足上述所有要求是很难办到的。例如，在储存子系统中，站在保证供应、方便生产的角度，人们会提出储存物资的大数量、多品种问题；而站在加速资金周转、减少资金占用的角度，人们则提出减少库存。

3) 物流成本削减的乘数效应

所谓乘数效应，是指由于自变量改变而导致因变量最终呈倍数剧烈变动的各种现象。物流成本类似于物理学中的杠杆原理，物流成本的下降通过一定的支点，可以使销售额获得成倍的增长。而其上升一点，也可使销售额成倍的削减。

4. 物流成本的构成与分类

1) 物流成本的构成

物流成本构成的分析应该从宏观和微观入手研究，即社会物流成本和企业物流成本两个体系进行研究。社会物流成本是指一个国家一定时期内(通常指一年)发生的社会物流总成本。各国通常使用该国物流总成本占 GDP 的比例来衡量一国物流业发展水平。目前，世界上已形成完善的物流成本核算体系的国家包括美国、日本等，相比之下，由于我国物流业起步较晚，社会物流成本核算体系是在美国、日本等完善的物流成本核算体系基础上，结合我国国情和基本会计制度，逐步完善社会物流成本核算体系。根据国家发展改革委员会、国家统计局关于组织实施《社会物流统计制度及核算表示(试行)》的通知以及中国物流与采购联合会关于组织实施《社会物流统计制度及核算表示(试行)》的补充通知指出，我国的社会物流总成本是指一定时期内，国民经济各方面用于社会物流活动的各项费用支出，其中包括了各物流环节费用、应承担的物品在物流期间发生的损耗、社会物流活动中因资金占用而应承担的利息支出、社会物流活动中发生的管理费用等。企业物流成本具体包括运输费用、保管费用和管理费用三部分。

现代物流成本的范围更广，贯穿于企业经营活动的全过程，包括从原材料供应开始一直到将商品送到消费者手中所发生的全部物流费用。物流成本按不同的标准有不同的分类，按产生物流成本主体的不同，可分为企业自身物流成本和委托第三方从事物流业务所发生的费用，即委托物流费。按照成本项目划分，企业物流成本可分为物流功能成本和存货相关成本，如图4-1所示。

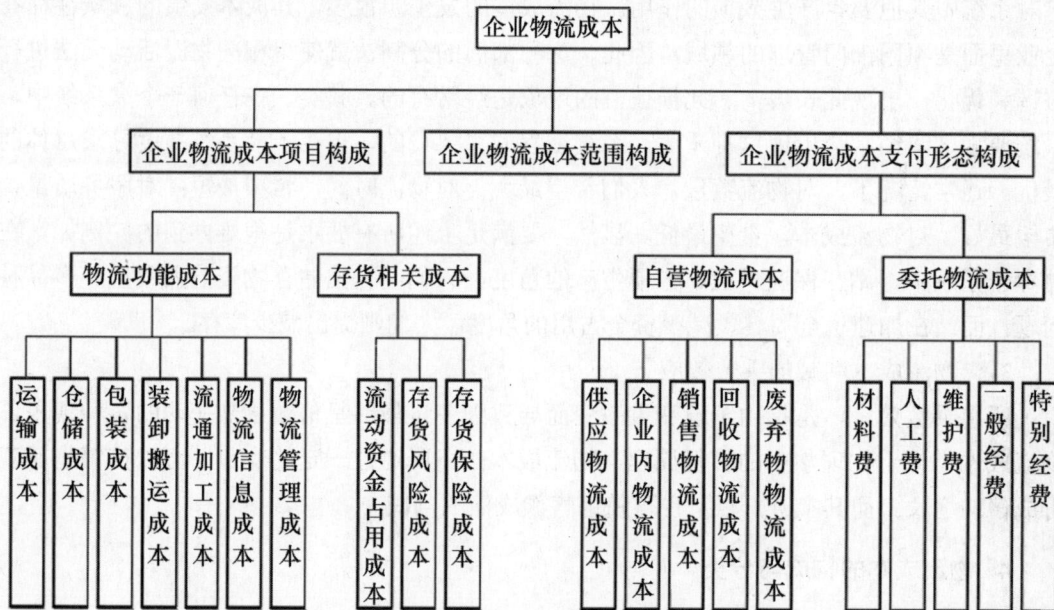

图4-1　企业物流成本的构成

2)　物流成本的分类

目前对物流成本的分类方法有很多，按照不同的标准有不同的分类。下面介绍几种常见的分类方法。

(1)　根据物流活动的成本项目分类。物流成本按照物流活动的成本项目划分，可分为物流功能成本和存货相关成本，这种分类方式实际上是对传统物流成本按物流功能分类的细化。物流功能成本包括物流运作成本、物流信息成本和物流管理成本。其中，物流功能成本又可根据物流活动基本功能细化成运输成本、仓储成本、包装成本、装卸搬运成本、流通加工成本以及配送成本；物流信息成本是指为完成物流信息的收集、传递、存储和处理等发生的相关费用支出；物流管理成本是为完成物流管理活动而发生的全部管理费用的支出。存货相关成本是指物流活动过程中发生的与持有存货有关的成本支出，主要包括流动资金占用成本、存货风险成本和存货保险成本。

(2)　根据以活动为基础确定物流成本方法的原则进行分类。以往我们经常把物流活动的成本分摊给一个组织或预算单位，而在以活动为基础的物流成本中，一切以增值活动本身为着眼点，将消耗的所有的有关费用与增值活动的完成联系起来。成本是分摊在消费一定资源的活动上的，所以称为以活动为基础的物流成本分类。在物流活动中，关键事件是一个客户的订单，以及由此产生的反映其完成这项订单工作所需的相关活动或成本。根据以活动为基础确定物流成本的方法，可将物流成本归类为三大项：直接成本、间接费用和日常费用。其中，直接成本是那些为完成物流工作而直接发生的费用。这种成本不难找出，比如运输、仓储、原料管理以及订货处理及库存的某些方面的直接费用，它们是能从传统的成本中提取出来的。间接费用是那些为完成物流工作而间接发生的费用。它是较难分离的，因为与间接因素有关的费用往往涉及固定资本的分摊。物流活动的间接费用的确定经常决定于管理者的判断，一般在每件平均成本的基础上分配间接费用。一个企业的所有组织单位都承担着相当大的一笔费用，诸如各种设施中的灯光和暖气所需的费用。为此，就要求对如何将这些日常管理费用和在什么程度上将这些类型不同的日常管理费用分配到特定的活动中去做出判断和决定。一种方法是直接将总的企业日常管理费用在一个统一标准的基础上分配到所有的运作单位。另一种传统的，而且日益引起争论的分配方法是以直接劳动费用为基础的分摊方法。不过，在另一个极端，也有一些厂商拒绝所有的日常管理费用的分配，以避免扭曲对直接和间接的以活动为基础的物流成本的衡量。

(3)　根据物流成本的支付形态分类。对企业物流成本按支付形态分类，就是以财务会计中发生的费用为基础，将物流成本分为企业内部发生的物流成本和物流业务外包而发生的委托物流成本。根据最新的《企业会计准则》的基本要求，将企业内部物流成本分为人工费、材料费、维护费、一般经费和特殊经费。

(4) 根据物流活动发生的范围分类。对企业物流成本按所发生的范围分类，就是按照企业物流活动发生的先后次序进行分类，是对物流活动起点和终点的界定，可分为供应物流成本、企业内物流成本、销售物流成本、回收物流成本和废弃物物流成本。

(5) 根据物流成本是否在会计核算中反映分类。物流成本属于管理会计范畴，既包括会计核算中实际发生的、计入企业实际成本的各项支出，也包括会计核算中没有实际发生的，但在物流管理决策中应该考虑的成本支出。因此，物流成本按照物流成本是否在会计核算中反映，可分为显性物流成本和隐性物流成本。

(6) 根据物流成本是否具有可控性分类。根据物流成本是否具有可控性，可以将企业物流成本分为可控物流成本和不可控物流成本。可控成本是指某一特定时期内，特定责任中心能够直接控制其发生的物流成本，不仅能够预知将要发生的费用，还能够准确的计量，并对其加以调节和控制的费用。不可控成本是指在某一特定时期内，特定责任中心不能够对物流成本的发生直接控制或施加影响，因而也不予负责的物流成本。当然，可控成本与不可控成本都不是绝对的，而是相对的。

(7) 根据物流成本习性进行分类。物流成本习性是指某一特定时期内，物流成本总额与物流业务量之间的依存关系。根据物流成本习性的不同，可将物流成本分为变动物流成本、固定物流成本及混合物流成本。

(二)物流成本管理的产生和发展

物流成本管理(Logistics Cost Control)是对物流相关费用进行的计划、协调与控制。物流成本管理是通过成本去管理物流，即管理的对象是物流而不是成本。物流成本管理可以说是以成本为手段的物流管理方法。

1. 物流成本管理的产生

物流活动必然会带来相应的物流成本，物流成本管理与物流管理的产生背景有着直接的关系。物流成本的理论最初产生于 1901 年，约翰·F·格鲁威尔(John F·Crowell)在美国政府工作报告《农产品流通产业委员会报告》中首次阐述了对农产品流通产生影响的各种因素和费用。物流成本管理具体的产生背景可以简单地归纳为以下两个阶段：①第二次世界大战时期，物流管理从配送和军事后勤管理中演变形成，这个时期主要考虑的是军用物资的可达性和及时性，成本成为次要因素，因此，物流成本没有得到重视；②第二次世界大战以后，生产技术不断发展，产品成本随之下降，流通成本问题出现，现代管理进入商业领域，称为第三利润源泉，企业在追求利润最大化，注重成本管理的过程中，开始关注物流成本管理，这个时期物流成本管理便成为降低成本、提高服务水平、增强竞争力的有效手段，得到了较快的发展。

2. 物流成本管理的发展

目前，物流发展较好的国家是美国和日本，物流成本管理在我国处于刚刚起步阶段。下面从国内外不同的角度来介绍其发展概况。

从欧美国家企业物流成本管理的一般发展过程来看，大致经历了物流成本认识阶段、物流项目成本管理阶段、引人物流预算管理制度的阶段、物流预算管理制度确立阶段、物流绩效评估制度的确立阶段。

在日本，物流技术兴起于 20 世纪 50 年代，发展至今已形成了一套完整的体系，由重视功能变为重视成本，进而变为重视服务。物流成本管理一直受到日本物流界的重视，在长期的发展中物流成本与财务结算制度逐步相联结。

(1) 日本神奈川大学的唐泽丰教授认为成本管理经历了下述四个阶段。

① 明确物流费用阶段，从物流费用与销售金额比率的角度进行管理的阶段，即主要是定量地掌握物流费用。

② 采用物流预算制度阶段，可以对物流费用的差异进行分析。

③ 正式确定物流费用的基准值或标准值阶段，使物流预算的提出或物流的管理有一个客观的、恰当的标准。

④ 建立物流管理会计制度的阶段，使物流成本管理与财务会计在系统上联结起来，说明已到了容易搞成本模拟的阶段。

(2) 菊池康也认为物流成本管理经历了下述五个阶段。

① 了解物流成本的实际状况(对物流活动的重要性提高认识)。

② 物流成本核算(了解并解决物流活动中存在的问题)。

③ 物流成本管理(物流成本的标准成本管理和预算管理)。

④ 物流收益评估(评估物流对企业效益的贡献程度)。

⑤ 物流盈亏分析(对物流系统的变化或改革做出模拟模型)。

我国的物流起步较晚。1979 年第一次把"物流"这一概念从日本介绍到了国内。20 世纪 80 年代初，国有物资部门开始从宏观角度研究物流。20 世纪 90 年代初，竞争的激烈、业态的多样化导致了流通利润的下降，使得商业系统开始重视物流，特别是连锁经营与物流配送关系的研究。物流成本开始进入初步的研究和试验性管理阶段。进入 20 世纪 90 年代后期，国内一些企业内部开始设立专门的物流部门，也开始出现了不同形式的物流企业(大多物流企业是由原运输企业、仓储企业、商业企业或工业企业等改造重组而来)，已有少数物流企业开始根据物流理论、按照物流运作规律进行组织与管理，物流成本管理开始组织化。进入 21 世纪，我国物流业发展开始走向国际化、全球化。对物流成本管理理论和方法的研究进入了一个新的阶段，出现了一些关于物流成本管理的专著和论文。一些企业开始引入物流成本预算制度，作为物流环节的运输、储存、装卸搬运等，都有了一些行业的定额指标。

(三)物流成本管理的内容和方法

1. 通过采用物流标准化进行物流管理

物流标准化是以物流作为一个大系统，制订系统内部设施、机械设备、专用工具等各个分系统的技术标准；制订系统内各个分领域，如包装、装卸、运输等方面的工作标准；以系统为出发点，研究各分系统与分领域中技术标准与工作标准的配合性，统一整个物流系统的标准。物流标准化使货物在运输过程中的基本设备统一规范，如现有托盘标准与各种运输装备、装卸设备标准之间能有效衔接，大大提高了托盘在整个物流过程中的通用性，也在一定程度上促进了货物运输、储存、搬运等过程的机械化和自动化水平的提高，有利于物流配送系统的运作效率，从而降低物流成本。

2. 通过实现供应链管理，提高对顾客物流服务的管理来降低成本

实行供应链管理不仅要求该企业的物流体制具有效率化，也需要企业协调与其他企业以及客户、运输业者之间的关系，实现整个供应链活动的效率化。正因为如此，追求成本的效率化，不仅仅企业中的物流部门或生产部门要加强控制，同时采购部门等各职能部门都要加强成本控制。提高对顾客的物流服务可以确保企业利益，同时也是企业降低物流成本的有效方法之一。

3. 借助于现代信息系统的构筑降低物流成本

要实现企业与其他交易企业之间的效率化的交易关系，必须借助于现代信息系统的构筑，尤其是利用互联网等高新技术来完成物流全过程的协调、控制和管理，实现从网络前端到最终端客户的所有中间过程服务。一方面是各种物流作业或业务处理正确、迅速地进行；另一方面，能由此建立起战略的物流经营系统。通过现代物流信息技术可以将企业订购的意向、数量、价格等信息在网络上进行传输，从而使生产、流通全过程的企业或部门分享由此带来的利益，充分对应可能发生的各种需求，进而调整不同企业间的经营行为和计划。企业间的协调和合作有可能在短时间内迅速完成，这可以从整体上控制物流成本发生的可能性。同时，物流管理信息系统的迅速发展，使混杂在其他业务中的物流活动的成本能精确地计算出来，而不会把成本转嫁到其他企业或部门。

4. 从流通全过程的视点来加强物流成本的管理

对于一个企业来讲，控制物流成本不单单是该企业唯一要做的事情，即追求该企业的物流效率化，还应该考虑从产品制成到最终用户整个流通过程的物流成本效率化，亦即物流设施的投资或扩建与否要视整个流通渠道的发展和要求而定。例如，有些厂商是直接面对批发商经营的，因此，很多物流中心是与批发商物流中心相吻合，从事大批量的商品输送。然而，随着零售业界便民店、折扣店的迅速发展，客户要求厂商必须适应零售业这种新型的业态形式，展开直接面向零售店铺的物流活动。因而，在这种情况下，原来的投资就有可能沉淀，同时又要求建立新型的符合现代物流发展要求的物流中心或自动化的设备。显然，这些投资尽管从企业来看，增加了物流成本，但从整个流通过程来看，却大大提高了物流绩效。

5. 通过效率化的配送降低成本

为了满足用户的订货要求，尽量短时间、正确的配送体制是企业物流发展的客观要求，但是，随着多频度、小单位配送的产生与发展，反而增加了配送产生的相应成本费用。这就要求配送成本应尽可能降低，进而要求企业采取效率化的配送。效率化的配送的关键就在于重视配车计划管理，提高装载率以及车辆运行管理。

一般来讲，企业要实现效率化的配送，就必须重视配车计划管理，提高装载率以及车辆运行管理。通过构筑有效的配送计划信息系统就可以使生产商配车计划的制订与生产计划联系起来进行，同时通过信息系统也能使批发商将配车计划或进货计划相匹配，从而提高配送效率，降低运输和进货成本。

6. 通过削减退货来降低物流成本

退货成本也是企业物流成本中一项重要的组成部分，它往往占有相当大的比例，这是因为随着退货会产生一系列的物流费，如退货商品损伤或滞销而产生的经济费用以及处理退货商品所需的人员费和各种事务性费用，特别是存在退货的情况下，一般是商品提供者承担退货所发生的各种费用，而退货方因为不承担商品退货而产生的损失，因此，容易很随便地退回商品，并且由于这类商品大多数数量较少，配送费用有增高的趋势。不仅如此，由于这类商品规模较小，也很分散，商品入库、账单处理等业务也很复杂。由此，削减退货成本是物流成本控制活动中需要特别关注的问题。

物流成本降低是个持续不断的过程。物流系统优化是关系到企业的竞争能力、影响到企业盈利水平的重大问题，应从战略的高度规划企业的物流系统。同时，要协调各部门之间的关系，使各个部门在优化物流系统的过程中相互配合。

二、物流成本管理的相关理论

(一)物流冰山学说

物流冰山学说理论是日本早稻田大学的西泽修教授在 1970 年提出的，是指当人们对物流费用的总体内容并不掌握，提起物流费用大家只看到企业公布的财务统计数据中的物流费用(露出海面的冰山的一角)，而潜藏在海水下面的冰山主体却看不见，而这只能反映物流成本的一部分，海水中的冰山才是物流费用的主要部分，因此有相当数量的物流费用是不可见的，如图 4-2 所示。

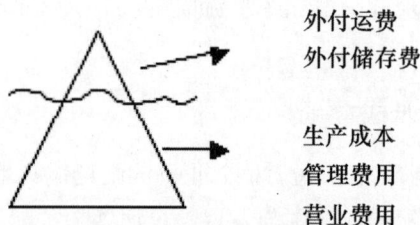

外付运费
外付储存费

生产成本
管理费用
营业费用

图 4-2　物流成本的冰山组成

一般情况下，企业会计科目中，只把支付给外部运输企业、仓库企业的费用列入成本，实际这些费用在整个物流费用中犹如冰山的一角。因为物流基础设施建设费、企业利用自己的车辆运输、利用自己的库存保管货物、由自己的工人进行包装、装卸等费用都没计入物流费用科目内。

物流成本正如浮在水面上的冰山，人们所能看见的向外支付的物流费用好比冰山的一角，而大量的是人们所看不到的沉在水下的企业内部消耗的物流费用。当水下的物流内耗越深反而露出水面的冰山就越小，将各种问题掩盖起来。这种现象只有大力削减库存，才能将问题暴露并使之得到解决，这就是物流成本的冰山理论。因此，航行在市场之流上的企业巨轮如果看不到海面下的物流成本的"庞大躯体"的话，那么最终很可能会得到与"泰坦尼克号"同样的厄运。而一旦物流所发挥的巨大作用被企业开发出来，它给企业所带来的丰厚利润则是相当可观的。

一般来说，企业向外部支付的物流费是很小的一部分，真正的大头是企业内部发生的各种物流费用。基于这个现实，日本物流成本计算的权威早稻田大学教授西泽修先生提出了"物流冰山"说。物流成本的计算范围太大，包括：原材料物流，工厂内物流，从工厂到仓库、配送中心的物流，从配送中心到商店的物流等。这么大的范围，涉及的单位非常多，牵涉的面也特别广，很容易漏掉其中的某一部分。漏掉哪部分，计算哪部分，物流费用的大小相距甚远。运输、保管、包装、装卸、流通加工以及信息等各物流环节中，以哪几个环节作为物流成本的计算对象问题，把哪几种费用列入物流成本中去的问题。费用计算结果差别相当大。比如，向外部支付的运输费、保管费、装卸费等费用一般都容易列入物流成本；可是本企业内部发生的物流费用，如与物流相关的人工费、物流设施建设费、设备购置费，以及折旧费、维修费、电费、燃料费等是否也列入物流成本中去等都与物流费用的大小直接相关。因而我们说物流费用确实犹如一座海里的冰山，露出水面的仅是冰山的一角。"物流冰山说"反映了物流成本的隐匿性。

(二)物流成本的效益背反理论

"效益背反"，又称二律背反，即两个相互排斥而又被认为是同样正确的命题之间的矛盾。物流成本的效益背反规律或二律背反效应又被称为物流成本交替损益，是指在物流的各要素间，物流成本此消彼长。"效益背反"是物流领域中很普遍的现象，是这一领域中内部矛盾的反映和表现。

这是一种此涨彼消、此盈彼亏的现象，虽然在许多领域中这种现象都是存在着的，但在物流领域中，这个问题似乎尤其严重。效益背反说有许多有力的实证予以支持。例如，包装问题，在产品销售市场和销售价格皆不变的前提下，假定其他成本因素也不变，那么包装方面每少花一分钱，这一分钱就必然转到收益上来，包装越省，利润则越高。但是，一旦商品进入流通之后，如果简省的包装降低了产品的防护效果，造成了大量损失，就会造成储存、装卸、运输功能要素的工作劣化和效益大减，显然，包装活动的效益是以其他的损失为代价的。我国流通领域每年因包装不善出现的上百亿的商品损失，就是这种效益背反的实证。

物流成本与服务水平的效益背反是指物流服务的高水平必然带来企业业务量的增加，收入的增加，同时也带来企业物流成本的增加，使得企业效益下降，即高水平的物流服务必然伴随着高水平的物流成本，而且物流服务水平与成本之间并非呈线性关系。在没有很大技术进步的情况下，企业很难同时做到提高物流水平和降低物流成本。

效益背反是可以逆向考虑的，就是恶化一项使其他项得到优化。例如，手被毒蛇咬了，那么只要把手砍掉，就可以保全身体其他部位。

(三)其他物流成本学说

1. "黑大陆"学说

由于物流成本在财务会计中被分别计入了生产成本、管理费用、营业费用、财务费用和营业外费用等项目，因此在损益表中所能反映的物流成本在整个销售额中只占很小的比重，所以物流的重要性当然不会被认识到，这就是物流被称为"黑暗大陆"的一个原因。

2. "第三利润源"

西泽修提出，"第一利润源"和"第二利润源"挖掘的对象分别是生产力中的劳动对象和劳动者，"第三利润源"挖掘对象则是生产力中劳动工具的潜力。人们应该认识到：①物流活动和其他独立的经济活动一样，不仅是总体的成本构成因素，而且是单独盈利因素，物流可以成为"利润中心"；②从物流服务角度来说，通过有效的物流服务，可以给接受物流服务的生产企业创造更好的盈利机会，成为生产企业的"第三个利润源泉"；③通过有效的物流服务，可以优化社会经济系统和整个国民经济的运行，降低整个社会的运行成本，提高国民经济总效益。

三、物流成本管理与控制系统

(一)物流成本管理与控制的内涵

随着科学技术的迅猛发展和经济全球化趋势的增强，世界各国经济发展面临着前所未有的机遇与挑战。现代物流作为现代经济的重要组成部分，在国民经济和社会发展中发挥着重要作用。物流成本是物流的核心概念之一，如何计算，与传统的仓储运输费用有什么区别，这些问题不仅关系到如何从宏观上认识我国的物流现状，也关系到具体物流实践的核算和评价。控制是调节系统能达到预期目标的一切手段。所谓物流成本控制是采用特定的理论、方法、制度等对物流各环节发生的费用进行有效的计划和管理。它是加强企业物流成本管理的一项重要手段，贯穿于企业生产经营活动的全过程。物流成本控制按照物流成本发生的时间先后划分为事前成本控制、事中成本控制和事后成本控制三个阶段。

(二)物流功能成本控制

物流功能成本控制主要包括以下几个方面的内容。

1. 物流运输成本控制

运输成本是制定货物运输价格的重要依据，一般指完成单位运输产品或旅客应分摊的运输支出。运输成本的特点是不包含原料费，而燃料、工资、折旧以及修理等项支出占的比重较大。在各种不同的运输工具或者运输方式之间，运输成本存在着一定的差别，也存在着各种比价关系。例如，铁路运输中货运有货物种类、整车、零担和集装箱等运输成本，客运有硬座、硬卧、软座、软卧等运输成本；水运有内河、沿海运输成本，也有按不同的航线计算的拖驳、油轮等运输成本；汽车运输除单车成本外，有的还计算分线路和区域的运输成本；民航除计算各种机型成本外，还计算专业飞行成本。合理的比价，对于货源分配、货物流向以及各种运输工具效率的充分发挥，起着十分重要的作用。

1)　合理选择运输工具

企业应根据不同货物的形状、价格、运输批量、交货日期、到达地点等情况，来选取适当的运输工具。因为运输工具的经济性和迅速性、安全性、便利性之间有相互制约的关系。所以，在控制运输成本时，必须对运输工具所具有的特性进行综合评价，才能做出合理选择运输工具的策略。

2)　拥有适当车辆

车辆的拥有台数要根据发货量的多少确定。拥有台数过少，发货量多时，会出现车辆不足的现象。相反，拥有台数过多，发货量少时，会出现车辆闲置的现象，造成浪费。所以，对运输部门来讲，拥有适当台数车辆是极为重要的。

3)　优化仓库布局

从运输成本控制角度看，成本的降低是由于使用了仓库后达到最大的集运而取得的。通过优化仓库布局即优化仓库网络达到运输成本最小化，建立一个仓库合理化的基本经济原则是集运。一个制造商通常在广泛的地理市场区域中出卖产品，如果客户的订货是少量的，那么集运的潜力可以使一个仓库在经济上实现合理化。

4)　开展集运方式

运输成本控制的一个焦点是保留与大批量运输联系在一起的运输经济性。为了在以时间为基础的战略中维持运输成本，相当多的管理注意力被引导到为实现运输集运的好处而开发独特的方法上。为计划集运，必须具有可靠的有关现今和计划中的库存情况的信息，为了将来集运装载，同样也需要保存或实行有计划的生产。实际上，集运必须在订货处理及选择前做出计划，避免耽误。所有集运的方面都要求涉及计划活动的及时的相关的信息。

5)　推行直运战略

任何一个物流系统都必须考虑服务水平与成本这两项重要因素。直接运送战略似乎在服务及成本上都处于不利地位。因为直接运送比由当地的仓库送货至顾客要慢；而且，由于通常顾客的订购量都很小，因此运送成本也较高。

【同步阅读】

运输方式的选择

1. 小件物品，如10kg以内的物品

(1)　时效要求较高，无论远近，建议发快递。城市中发快递可以让快递公司上门提货。快递可覆盖全国90%左右的县区，西部偏远地区由于需求少，很少有公司涉及。

(2) 如果时间要求很紧，例如500km当天到，可以到长途汽车站找大巴车司机，他们可以提供顺路带货服务，但这样的服务一般不负责提货和配送，需要发货人自己送到长途车站，提货人在指定地点等待司机到来。

(3) 时间要求不紧，可以选择中国邮政包裹，该服务有可到达地点广的优势，同时比快递便宜。

2. 中等物品，如100～200kg范围

(1) 如果在距离5km以内，可以寻找三轮车等渠道，直接和司机联系比较经济。

(2) 如果是同城50km以内，可以找拉货的面包车，或可以通过物流中介找车或直接找司机。

(3) 跨城运输有两种选择，专线公司和规模化的零担物流公司，专线公司价格相对便宜，规模化零担物流服务好但价格贵。专线公司有一部分车辆，较大物品会上门提送货，送不过来的时候需要自己去专线公司仓库。零担一般可以提货，如果收货或发货地处于偏远地区也需要到附近城市发货、提货。

(4) 时间紧急的话，可以查询航班时刻表，看两地有没有航班直达。如果存在直达航路或者同公司中转可到达的航路，可以给航空公司打电话询问能否订舱，但需要注意该货物需要自己在规定时间内送到航空公司货站，可发送品类和包装有严格限定。考虑到快递收货后送到站点和站点送机场的时间，直接发空运速度比经过快递公司时效性好一些，尤其是距离航班起飞半天左右的时候。

(5) 发空运如果不熟悉流程或没有时间送货，可以委托给代办公司。

3. 较大件物品，如500～2000kg

(1) 近距离(如200km以内)包车速度快且价格不是很贵(4.2m车100km可能要1000元)，请根据自己的货物重量、尺寸选择合适的车型。由于短途配货难，一般情况下司机会收来回程运费。

(2) 远距离(大于200km)时间不急。可以选择专线公司或零担物流公司。

(3) 远距离时间紧(如2000km两天到)，或者去未开通专线的城市，请考虑包车。

(4) 包车一般四种渠道，包规模化物流公司的车、通过物流中介找货车、到货车多的地方直接找司机、网上找货车，后两种途径实际承运车辆一样。需要注意的是，通过中介找车可能需要等待1天，请提前准备。

4. 整车物品(几吨到十几吨)

(1) 请考虑包车。

(2) 有条件的可以考虑铁路、水路，这两种方式价格较低，但操作较为麻烦。

需要注意的是，为了保证货物安全性，贵重货物请找信誉好的公司发运，或者选择跟车。

(资料来源：中国邮政. 不因邮件运输集装的方式的比较与选择)

2. 物流仓储成本控制

所谓仓储管理，是指对仓库和仓库中储存的物资进行管理。现代企业的仓库已成为企业的物流中心。过去，仓库被看成一个无附加价值的成本中心，而现在仓库不仅被看成是形成附加价值过程中的一部分，而且被看成是企业成功经营中的一个关键因素。仓库被企业作为连接供应方和需求方的桥梁。从供应方的角度来看，作为流通中心的仓库从事有效率的流通加工、库存管理、运输和配送等活动。从需求方的角度来看，作为流通中心的仓库必须以最大的灵活性和及时性满足各类顾客的需要。因此，对于企业来说，仓储管理的意义重大。在新经济新竞争形势下，企业在注重效益、不断挖掘与开发自己的竞争能力的同时已经越来越注意到仓储合理管理的重要性。精准的仓储管理能够有效控制和降低流通和库存成本，是企业保持优势的关键助力与保证。由于现代仓储的作用不仅是保管，更多是物资流转中心，对仓储管理的重点也不再仅仅着眼于物资保管的安全性，更多关注的是如何运用现代技术(如信息技术、自动化技术)来提高仓储运作的速度和效益，这也是自动化立体仓库大行其道的原因。自动化立体仓库由于大量采用大型的储货设备(如高位货架)、搬运械具(如托盘、叉车、升降机)、自动传输轨道和信息管理系统，从而实现仓储企业的自动化。

常见的物流仓储成本控制是运用 ABC 分类法管理库存以控制存货成本。ABC 分类法 (Activity Based Classification)，全称应为 ABC 分类库存控制法。ABC 分类法是由意大利经济学家维尔弗雷多·帕累托(Vifredo Pareto)首创的。1879 年，帕累托在研究个人收入的分布状态时，发现少数人的收入占全部人收入的大部分，而多数人的收入却只占一小部分，他将这一关系用图表示出来，就是著名的帕累托图。该分析方法的核心思想是在决定一个事物的众多因素中分清主次，识别出少数的但对事物起决定作用的关键因素和多数的但对事物影响较少的次要因素。后来，帕累托法被不断应用于管理的各个方面。1951 年，管理学家戴克(H. F. Dickie)将其应用于库存管理，命名为 ABC 法。

3. 包装成本控制

包装成本是指企业为完成货物包装业务而发生的全部费用，包括运输包装费和集装、分装包装费，业务人员的工资福利，包装设施年折旧，包装材料消耗，设施设备维修保养费，业务费等。企业进行包装成本控制的主要措施有以下几种：①优化包装设计，降低包装成本；②强化包装物的领用管理，避免浪费；③实现包装尺寸的标准化，包装作业的机械化；④加强包装物的回收和再利用。

4. 物流装卸搬运成本控制

装卸搬运成本控制的关键是在保护好装卸搬运的物品的同时提高装卸搬运作业效率，降低损耗率。主要的措施有：①减少作业次数；②缩短作业距离；③合理选择装卸搬运设备；④加强装卸搬运作业的安全管理，减少损失。

四、物流成本的内容及其核算

(一)物流成本核算的含义及其原则

物流成本核算是物流会计核算的一项重要工作，面对物流成本核算复杂多变的特点，为了在特定经济环境下进行合理的账务处理，就必须做出必要的假设条件，这种假设也是物流成本核算原则确立的基本前提。

1. 物流成本核算的假设前提

1) 会计主体假设

会计主体，是指会计工作为之服务的单位或组织，即会计为谁算账，会计服务的范围是什么。会计主体的作用在于界定不同会计主体进行会计核算的范围。对企业而言，它要求会计核算区分自身经济活动与其他企业单位的经济活动，区分本企业的经济活动与企业投资者的经济活动。一般来说，辨别某个组织是否为会计主体应从以下几个方面来看：是否拥有独立资金，是否进行独立的经营活动，是否编制独立的会计报告。企业只有符合以上三点要求，才是一个独立的会计主体。从理论上说，会计主体的规模并无统一的标准，可大可小。它可以是一个独立核算的经济实体，一个独立的法律个体；也可以是不进行独立核算的内部单位、班组，一个非法律个体。但是，从财务会计的角度来看，会计主体应是一个独立核算的经济实体，特别是一个需要单独反映经营成果与财务状况、编制独立的财务报告的实体。

2) 持续经营假设

持续经营，又称继续经营，是指作为会计主体的企业，其经营活动将按照既定的目标持续下去，在可以预见的将来，不会面临破产与财产清算。它是会计核算前提中一个极为重要的内容。一个企业是继续经营，还是停止营业、破产清算，在会计核算方法上有着很大的区别。财务会计的一系列方法都是以会计主体的持续经营为前提。例如，只有在持续经营的前提下，企业的资产才能按历史成本计价，固定资产才可以按其使用年限计提折旧。

如果企业不具备持续经营的前提条件，而是已经或即将停止营业、进行清算，则需要处理其全部资产，清理其全部债权债务。

3）　会计分期假设

会计分期，是指为了定期反映企业的经营管理活动情况及其结果，需要将一个企业的持续经营活动划分为若干个均等的期间。对于持续经营的企业来说，虽然在可以预见的将来，它不会面临停业清算，但企业也不能等到其结束经营活动时才去进行结算和编制财务报告。为了定期反映企业的经营成果和财务状况，向有关各方提供信息，需要划分会计期间，即人为地把持续不断的企业生产经营活动，划分为较短的经营期间。会计期间通常为一年，称为会计年度。我国《企业会计准则》规定，以日历年度作为企业的会计年度，即以公历 1 月 1 日至 12 月 31 日止为一个会计年度。企业为了及时提供会计信息，满足不同方面对会计信息的需求，还可以将会计年度划分为若干较短的期间，如月、季度。

4）　货币计量假设

货币计量，是指会计主体在会计核算过程中采用货币作为统一计量单位来记账、算账、报账。会计提供信息要以货币为主要计量单位。企业的经济活动是多种经济活动，这就要求有一个统一的计量单位。在商品经济条件下，货币作为一种特殊的商品，最适合充当这种统一的计量单位。各种物品都具有价值，一旦以货币作为统一计量单位，就可以把这些物资的价值放在一起相加减，从而计算出经营成果。这样一来，企业管理者仅需了解或记住一些数字，便可以掌握企业的财务状况和经营成果。在实际进行会计核算过程中，除了明确以货币作为主要计量单位之外，还需要具体确定记账本位币，即按何种统一的货币来反映企业的财务状况和经营成果。在企业的经济业务涉及多种货币的情况下，需要确定某一种货币作为记账本位币;涉及非记账本位币的业务，需要采用某种汇率折算为记账本位币登记入账。按照《企业会计准则》的规定，在我国境内的企业应以人民币作为记账本位币。业务收支以外币为主的企业，也可以选定某种外币作为记账本位币，但编制的财务报表应当折算为人民币反映。境外企业向国内有关部门编制财务报表，应当折算为人民币反映。

2. 物流成本核算的一般原则

物流成本核算的一般原则主要有以下几个方面。

1）　可靠性原则

可靠性要求企业应当以实际发生的交易或者事项为依据进行确认、计量和报告，如实反映符合确认和计量要求的各项会计要素及其他相关信息。保证会计信息真实可靠、内容完整。会计信息要有用，必须以可靠为基础。如果财务报告所提供的会计信息是不可靠的，就会对投资者等财务报告用者的决策产生误导甚至损失。

2) 相关性原则

相关性要求企业提供的会计信息应当与投资者等财务报告使用者的经济决策需要相关，一项信息是否具有相关性取决于预测价值和反馈价值。会计信息质量的相关性要求，需要企业在确认、计量和报告会计信息的过程中，充分考虑使用者的决策模式和信息需要。但是，相关性是以可靠性为基础的，两者之间并不矛盾，不应将两者对立起来。这也就是说，会计信息在可靠性前提下，尽可能地做到相关性，以满足投资者等财务报告使用者的决策需要。

3) 可理解性原则

可理解性(清晰性)要求企业提供的会计信息应当清晰明了，便于投资者等财务报告使用者理解和使用。企业编制财务报告、提供会计信息的目的在于使用，而要使使用者有效使用会计信息，应当能让其了解会计信息的内涵，弄懂会计信息的内容，这就要求财务报告所提供的会计信息应当清晰明了，易于理解。只有这样，才能提高会计信息的有用性，实现财务报告的目标，向投资者等财务报告使用者提供有用的决策信息。会计信息毕竟是一种专业性较强的信息产品，在强调会计信息的可理解性要求的同时，还应假定使用者具有一定的有关企业经营活动和会计方面的知识，并且愿意付出努力去研究这些信息。对于某些复杂的信息，如交易本身较为复杂或者会计处理较为复杂，但其与使用者的经济决策相关，企业就应当在财务报告中予以充分披露。

4) 可比性原则

可比性要求企业提供的会计信息应当相互可比。这主要包括两层含义：首先，同一企业不同时期可比。为了便于投资者等财务报告使用者了解企业财务状况、经营成果和现金流量的变化趋势，比较企业在不同时期的财务报告信息，应全面、客观地评价过去，预测未来，从而做出决策。会计信息质量的可比性要求同一企业不同时期发生的相同或者相似的交易或者事项，应当采用一致的会计政策，不得随意变更。但是，满足会计信息可比性要求，并非表明企业不得变更会计政策，如果按照规定或者在会计政策变更后可以提供更可靠、更相关的会计信息，可以变更会计政策。有关会计政策变更的情况，应当在附注中予以说明。其次，不同企业相同会计期间可比。为了便于投资者等财务报告使用者评价不同企业的财务状况、经营成果和现金流量及其变动情况，会计信息质量的可比性要求不同企业同一会计期间发生的相同或者相似的交易或者事项，应当采用规定的会计政策，确保会计信息口径一致、相互可比，以使不同企业按照一致的确认、计量和报告要求提供有关会计信息。

5) 及时性原则

及时性要求企业对于已经发生的交易或者事项，应当及时进行确认、计量和报告，不得提前或者延后。会计信息的价值在于帮助所有者或者其他利益相关者做出经济决策，具有时效性。即使是可靠、相关的会计信息，如果不及时提供，就失去了时效性，对于使用者的效用就会大大降低甚至不再具有实际意义。在会计确认、计量和报告过程中贯彻及时性，一是要求及时收集会计信息，即在经济交易或者事项发生后，及时收集整理各种原始单据或者凭证；二是要求及时处理会计信息，即按照会计准则的规定，及时对经济交易或者事项进行确认或者计量，并编制出财务报告；三是要求及时传递会计信息，即按照国家规定的有关时限，及时地将编制的财务报告传递给财务报告使用者，便于其及时使用和决策。在实务中，为了及时提供会计信息，可能需要在有关交易或者事项的信息全部获得之前即进行会计处理，这样就满足了会计信息的及时性要求，但可能会影响会计信息的可靠性；反之，如果企业等到与交易或者事项有关的全部信息获得之后再进行会计处理，这样的信息披露可能会出现时效性问题，对于投资者等财务报告使用者决策的有用性将大大降低。这就需要在及时性和可靠性之间作相应权衡，以最好地满足投资者等财务报告使用者的经济决策需要为判断标准。

6)　实质重于形式原则

实质重于形式要求企业应当按照交易或者事项的经济实质进行会计确认、计量和报告，不仅仅以交易或者事项的法律形式为依据。企业发生的交易或事项在多数情况下，其经济实质和法律形式是一致的。但在有些情况下，会出现不一致。例如，以融资租赁方式租入的资产虽然从法律形式来讲企业并不拥有其所有权，但是由于租赁合同中规定的租赁期相当长，接近于该资产的使用寿命；租赁期结束时承租企业有优先购买该资产的选择权；在租赁期内承租企业有权支配资产并从中受益等。因此，从其经济实质来看，企业能够控制融资租入资产所创造的未来经济利益，在会计确认、计量和报告上就应当将以融资租赁方式租入的资产视为企业的资产，列入企业的资产负债表。又如，企业按照销售合同销售商品但又签订了售后回购协议，虽然从法律形式上实现了收入，但如果企业没有将商品所有权上的主要风险和报酬转移给购货方，没有满足收入确认的各项条件，即使签订了商品销售合同或者已将商品交付给购货方，也不应当确认销售收入。

7)　重要性原则

重要性要求企业提供的会计信息应当反映与企业财务状况、经营成果和现金流量有关的所有重要交易或者事项。在实务中，如果会计信息的省略或者错报会影响投资者等财务报告使用者据此做出决策，该信息就具有重要性。重要性的应用需要依赖职业判断，企业应当根据其所处环境和实际情况，从项目的性质和金额大小两方面加以判断。例如，我国上市公司要求对外提供季度财务报告，考虑到季度财务报告披露的时间较短，从成本效益原则考虑，季度财务报告没有必要像年度财务报告那样披露详细的附注信息。因此，中期财务报告准则规定，公司季度财务报告附注应当以年初至本中期末为基础编制，披露自上年度资产负债表日之后发生的，有助于理解企业财务状况、经营成果和现金流量变化情况的重要交易或者事项。这种附注披露，就体现了会计信息质量的重要性要求。

8) 谨慎性原则

谨慎性要求企业对交易或者事项进行会计确认、计量和报告应当保持应有的谨慎，不应高估资产或者收益、低估负债或者费用。在市场经济环境下，企业的生产经营活动面临着许多风险和不确定性，如应收款项的可收回性、固定资产的使用寿命、无形资产的使用寿命、售出存货可能发生的退货或者返修等。会计信息质量的谨慎性要求企业在面临不确定性因素的情况下做出职业判断时，应当保持应有的谨慎，充分估计到各种风险和损失，既不高估资产或者收益，也不低估负债或者费用。例如，要求企业对可能发生的资产减值损失计提资产减值准备、对售出商品可能发生的保修义务等确认预计负债等，就体现了会计信息质量的谨慎性要求。谨慎性的应用也不允许企业设置秘密准备，如果企业故意低估资产或者收益，或者故意高估负债或者费用，将不符合会计信息的可靠性和相关性要求，损害会计信息质量，扭曲企业实际的财务状况和经营成果，从而对使用者的决策产生误导，这是会计准则所不允许的。

(二)物流成本核算的方法

传统的物流成本核算可以采用一般的会计、统计和混合方式等。物流成本由于在现行财务会计体系中尚未进行核算，为了反映物流成本的高低，并为物流管理提供成本信息资料，在实践中，可采用以下几种传统的方法核算物流成本。

1. 会计核算方式

会计核算方式，就是通过凭证、账户、报表对物流费用加以连续、系统、全面地记录、计算和报告的方法。会计方式的物流成本核算，具体包括以下两种形式：一是双轨制，即在传统成本核算体系不变的情况下，单独建立物流成本核算的凭证、账户、报表体系。这样物流成本的内容在传统成本核算和物流成本核算中得到双重反映，因此称为双轨制。二是单轨制，即改变传统成本核算体系，建立一套能提供多种成本信息的共同的凭证、账户、报表核算体系，使得物流成本得以单独反映，又不重复在其他成本核算体系中反映。在这种情况下，要对现有的凭证、账户、报表体系进行较大的改革，需要对某些凭证、账户、报表的内容进行调整，同时还需要增加一些凭证、账户和报表。会计方式提供的成本信息比较系统、全面、连续，且准确、真实。但这种方法比较复杂，要么重新设计新的凭证、账户、报表核算体系，要么对现有体系进行较大的甚至是彻底的调整。企业应根据核算人员的业务素质、管理水平、信息技术的现代化程度等具体情况，确定物流成本核算是采用"单轨制"还是采用"双轨制"。从发展的角度看，最好是采用"单轨制"。

2. 统计核算方式

统计核算方式，是不要求设置完整的凭证、账户和报表体系，而是通过对企业现行成本核算资料的剖析，分离出物流成本的部分，按不同的物流成本计算对象进行重新归类、分配和汇总，加工成所需的物流成本信息。统计方式的物流成本核算，其基本步骤如下。

(1) 通过材料采购、管理费用账户的分析，抽出供应物流成本部分，如材料采购账户中的外地运输费，管理费用账户中材料的市内运杂费，原材料仓库的折旧修理费，库管人员的工资等，并按照功能类别或者支付形态类别进行统计核算。

(2) 从生产成本、制造费用、辅助生产、管理费用等账户中抽出生产物流成本，并按照功能类别、形态类别进行分类核算，如人工费部分按照物流人员的数量或者工作量占全部人员或者工作量的比率确定物流作业成本。

(3) 从销售费用中抽出销售物流成本部分，具体包括销售过程中发生的运输、包装、装卸、保管、流通加工等费用。

(4) 企业对外支付的物流费用部分。根据企业实际订货情况确定每次订货的装卸费、运输成本、专门为该次订货支付的包装费用，等等，有时，企业还需要为外购货物支付仓储费。

(5) 物流利息的确定，可以按照企业物流作业占用资金总额乘以同期银行存款利率一定的百分比或者企业内部收益率来计算。其实就是计算物流活动占用资金的机会成本。

(6) 从管理费用中抽出专门从事物流管理人员的耗费，同时推估企业管理人员用于物流管理的时间占其全部工作时间的比率。由于顾客退货成本及相应物流费用都记入管理费用，也应该在计算物流成本时，将退货物流费用剥离出来。

(7) 废弃物流成本较小时，可以将其并入其他物流成本一并计算。

3. 混合式核算方式

混合式即统计核算方式与会计核算方式相结合的方式，也就是物流耗费的一部分内容通过统计方式予以核算，另一部分内容通过会计方式予以核算。一般对于现行成本核算已包括的费用采用会计方式核算，需设置一些物流成本账户，但不像第一种方法那么全面、系统，也不纳入现行成本核算的账户体系，具有辅助账户的性质。例如：设置物流成本总账，核算企业发生的全部物流成本；同时按物流范围设置供应、生产、销售、退货、废弃物流成本二级账；在各二级账下按物流功能设置运输费、保管费、装卸费、包装费、流通加工费、物流管理费等三级账，并按费用支付形态设置专栏。在核算中，是物流费的就以会计方式计入物流成本账户。对现行成本核算没有包括但属于物流成本应该包括的费用，其计算方法与统计方式下的计算方法相同。月末根据各物流成本辅助账户所提供的资料编制范围类别、功能类别、形态类别等各种类别的物流成本报表。需要说明的是，物流成本核算无论采用哪一种方法，都存在有些费用是直接与物流活动有关的，有些是既与物流活动有关又与其他活动有关的共同费用。对于共同费用，在费用数额较大时，可按一定的标准，在物流活动与其他活动中进行合理分摊。费用数额较小时，可不必分摊，可根据情况直接计入物流活动或其他活动成本中。

五、物流作业成本分析

(一)作业成本法概述

作业成本法(Activity-Based Costing，ABC)，是一种以作业为基础，通过对所有作业活动进行动态追踪，根据各项作业费用的消耗情况将成本进行合理分配的一种成本计算方法，它是对传统成本计算方法的创新。作业成本法的理论基础是认为生产过程应该描述为：生产导致作业发生，产品耗用作业，作业耗用资源，从而导致成本发生。这与传统的制造成本法中产品耗用成本的理念是不同的。这样，作业成本法就以作业成本的核算追踪了产品形成和成本积累的过程，对成本形成的"前因后果"进行追本溯源。从"前因"上讲，由于成本由作业引起，对成本的分析应该是对价值链的分析，而价值链贯穿于企业经营的所有环节，所以成本分析首先从市场需求和产品设计环节开始；从"后果"上讲，要搞清作业的完成实际耗费了多少资源，这些资源是如何实现价值转移的，最终向客户(即市场)转移了多少价值、收取了多少价值，成本分析才算结束。作业是成本计算的核心和基本对象，产品成本或服务成本是全部作业的成本总和，是实际耗用企业资源成本的终结。

作业成本法的指导思想是："成本对象消耗作业，作业消耗资源"。作业成本法把直接成本和间接成本(包括期间费用)作为产品(服务)消耗作业的成本同等地对待，拓宽了成本的计算范围，使计算出来的产品(服务)成本更准确真实。作业是成本计算的核心和基本对象，产品成本或服务成本是全部作业的成本总和，是实际耗用企业资源成本的终结。作业成本计算示意图如图4-3所示。

作业成本计算法不仅是一种成本计算方法，更是成本计算与成本管理的有机结合。作业成本计算法基于资源耗用的因果关系进行成本分配；根据作业活动耗用资源的情况，将资源耗费分配给作业；再依照成本对象消耗作业的情况，把作业成本分配给成本对象。

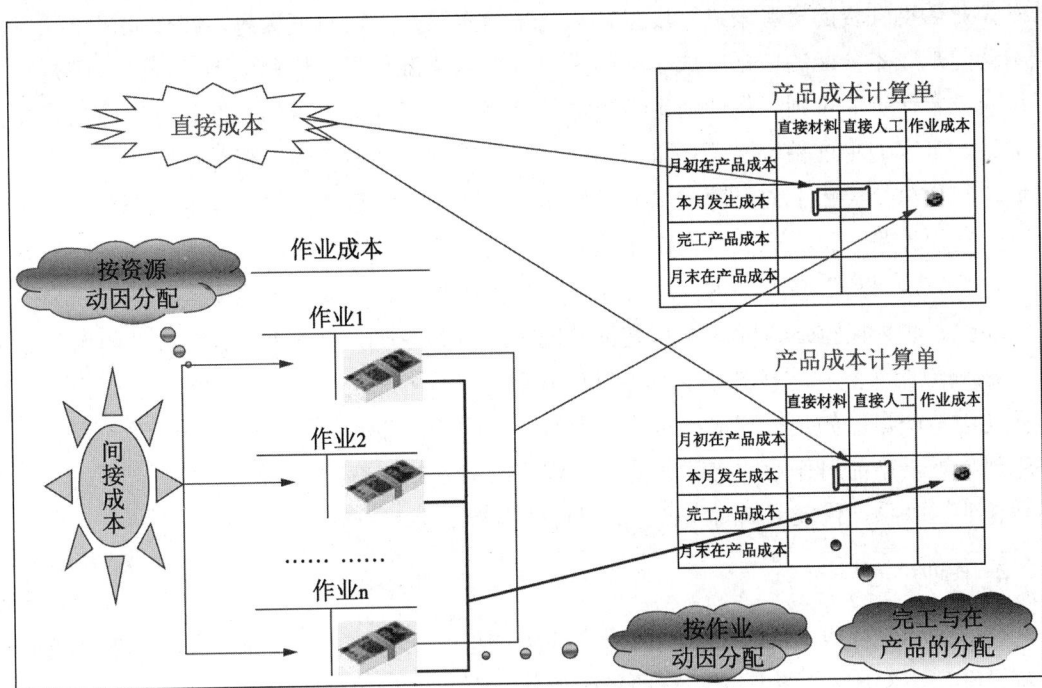

图 4-3　作业成本计算示意图

作业成本计算法不仅是一种成本计算方法，更是成本计算与成本管理的有机会结合。作业成本计算法基于资源耗用的因果关系进行成本分配：根据作业活动耗用资源的情况，将资源耗费分配给作业；再依照成本对象消耗作业的情况，把作业成本分配给成本对象。具体内容如下。

1. 资源

资源是企业生产耗费的原始形态，是成本产生的源泉。企业作业活动系统所涉及的人力、物力、财力都属于资源。一个企业的资源包括直接人工、直接材料、间接制造费用等。

2. 作业

作业是指在一个组织内为了某一目的而进行的耗费资源动作，它是作业成本计算系统中最小的成本归集单元。作业贯穿产品生产经营的全过程，从产品设计、原料采购、生产加工，直至产品的发运销售。在这一过程中，每个环节、每道工序都可以视为一项作业。

3. 成本动因

成本动因亦称成本驱动因素，是指导致成本发生的因素，即成本的诱因。成本动因通常以作业活动耗费的资源来进行度量，如质量检查次数、用电度数等。在作业成本法下，成本动因是成本分配的依据。成本动因又可以分为资源动因和作业动因。资源动因是指按照作业成本计算的规则，作业决定着资源的耗用量，资源耗用量的高低与最终产品没有直接关系。专家们将这种资源消耗量与作业间的关系称作资源动因，资源动因联系着资源和作业，它把总分类账上的资源成本分配到作业。作业动因是分配作业成本到产品或劳务的标准。它们计量了每类产品消耗作业的频率，反映了产品对作业消耗的逻辑关系。例如，当"检验外购材料"被定义为一个作业时，则"检验小时"或"检验次数"就可成为一个作业动因。如果检验外购材料 A 所花的时间占总数的 30%，则作业"检验外购材料"成本的 30%就应归集到外购材料 A。作业动因与前述的作业分类有关。如是单位水平作业，则作业动因是产量；如是批别水平作业，则作业动因是产品的批量。当作业动因计量的耗费等于或接近于产品对作业的实际耗费时，则产品成本就能得到准确的核算。作业动因是产品和作业的联系，代表了产品或工艺的设计的改善机会。

4. 作业中心

作业中心又称成本库，是指构成一个业务过程的相互联系的作业集合，用来汇集业务过程及其产出的成本。换言之，按照统一的作业动因，将各种资源耗费项目归结在一起，便形成作业中心。作业中心有助于企业更明晰地分析一组相关的作业，以便进行作业管理以及企业组织机构和责任中心的设计与考核。

(二)作业成本法的步骤

作业成本法的步骤如下。

1. 第一步：归属成本

作业成本法第一步要求建立间接成本归集库，这些成本在库内性质应该是同一的。所谓"同一"是指归集在相同成本库的不同成本是由相同的成本动因引起的。在选择成本归集库时需确认引起间接计入成本的主要作业，所以，确认与生产援助功能有关的所有作业是这项工作的起点。 在实际生产中可能出现的作业类型一般有：起动准备、购货订单、设备维修、材料处理、材料采购、质量监督、生产计划、工程设计变更、动力消耗、机器小时、存货移动、装运发货、行驶里程、空间占用等。在一个组织机构内部，其作业数量的多少取决于其经营的复杂程度。有必要对这些作业量做必要的筛选，确保最后可设计出特定而有效的信息系统。为了有效筛选，必须了解：①每项作业的有关成本的重要性，以便评价它们是否值得单独列示为一个独立的成本归集库；②影响每项作业成本的因素(成本动因)，以便评价个别作业的成本形态是否同质，从而考虑它们是否可能被合并为一个成本归集库。

2. 第二步：分配成本

如何为不同的成本库选取相对应的成本动因，在选择成本动因时，首先要考虑如下两方面的因素。

1) 获取信息的成本

在一个同质成本归集库提供了一系列可能的成本动因的情况下，要选择信息容易获得的成本动因，以降低获取信息的成本。

2) 成本动因和实际的成本消耗之间的关联程度

在不歪曲反映各成本库信息性质的情况下，为降低取得成本动因所需的成本，可以用与成本的实际消耗并非直接关联的成本动因代替那些与成本的实际消耗直接关联的成本动因。在用与成本的实际消耗非直接关联的成本动因代替那些直接关联的成本动因时，对各产品而言，每作业所消耗的作业量是稳定的，只有在这个前提下，所替换的成本动因与成本的实际消耗之间才有较高的关联度，这种代替才不致丧失成本计算的精确性。在决定选用多种成本动因之前，还应评价是否会带来成本信息失实，这就需要考虑下列因素：①产品的多样性。如果产品高度多样化，那么将成本归集库合并以减少成本动因后，将会在一定程度上失去成本信息的精确性。②汇总作业的相对成本。每项归集作业成本库的成本大小，即它相对总归集成本的重要性，影响着成本信息的精确性。③数量多样性。即产品生产的批别大小不同也会对成本信息造成影响。因为对作业的需求，由此而带来的间接计入成本与批别大小，并不与产出的数量相关。这样，如果一种产品按不同的批别生产却不相应地改变其成本动因，则会造成成本分配的歪曲。

(三)作业成本法的主要特点

1. 作业成本法的指导思想

作业成本法的指导思想是："成本对象消耗作业，作业消耗资源。"具体来说，作业成本法首先是将企业所消耗的资源通过资源动因分配到作业或作业成本库中，形成作业或作业成本库的成本，然后再将作业或作业成本库的成本通过成本动因分配到成本计算对象上，形成成本计算对象的成本。实际上就是将各种资源分解到业务流程中的各种作业活动，从而核算各活动环节所消耗的资源，再将活动成本分摊到各产品、服务、顾客或部门，进而计算这些对象是如何消耗活动资源的。

2. 成本分配强调可追溯性

作业成本法认为，将成本分配到成本对象有三种不同的形式：直接追溯、动因追溯和分摊。作业成本法的一个突出特点，就是强调以直接追溯或动因追溯的方式计入产品成本，而尽量避免分摊方式，如图4-4所示。

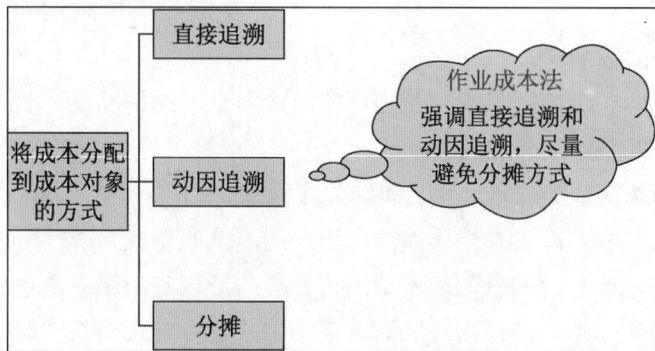

图4-4　成本分配的可追溯性

1)　直接追溯

直接追溯是指将成本直接确认分配到某一成本对象的过程。这一过程是可以实地观察的。使用直接追溯方式得到的产品成本是最准确的。比如，生产电视机耗用集成电路板，集成电路板的成本就可以直接追溯到电视机。

2)　动因追溯

动因追溯是指根据成本动因将成本分配到各成本对象的过程。对于不能直接追溯的成本，作业成本法强调使用动因追溯方式。采用这种方式需要首先找到引起成本变动的真正原因，即成本与成本动因之间的因果关系。

动因追溯虽然不像直接追溯那样准确，但只要因果关系建立恰当，成本分配的结果同样可以达到较高的准确程度。

需要注意的是成本的发生受多种因素的影响，要寻找相关程度最高的因素进行分配。

3. 成本追溯使用众多不同层面的作业动因

不同层面的作业动因包括：产量级动因(即以单位产品或其他单位产出物为计量单位的作业动因)，批次级动因(即以"批""次"为计量单位的作业动因)，品种级动因(即以产品的品种数为计量单位的作业动因)等。每一层面的成本动因远不止一两个。从企业实践来看，一般使用的成本动因在30～50个。采用不同层面的、众多的成本动因进行成本分配，要比采用单一分配基础更加合理，更能保证成本的准确性。

本章知识结构图

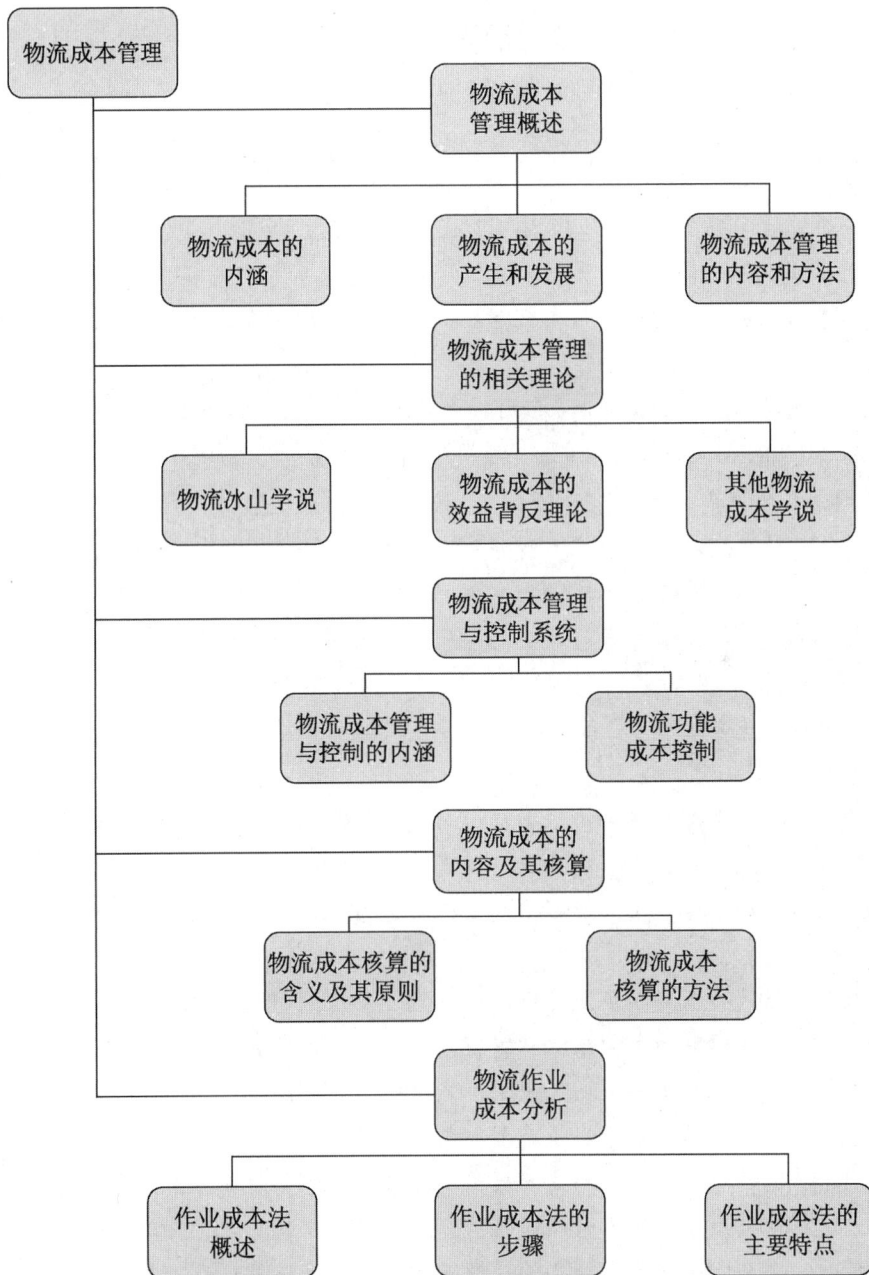

```
物流成本管理
    │
    ├──────────── 物流成本
    │             管理概述
    │                │
    │    ┌───────────┼───────────┐
    │  物流成本的   物流成本的   物流成本管理
    │    内涵       产生和发展   的内容和方法
    │
    ├──────────── 物流成本管理
    │             的相关理论
    │                │
    │    ┌───────────┼───────────┐
    │  物流冰山学说  物流成本的   其他物流
    │               效益背反理论  成本学说
    │
    ├──────────── 物流成本管理
    │             与控制系统
    │                │
    │         ┌──────┴──────┐
    │     物流成本管理    物流功能
    │     与控制的内涵    成本控制
    │
    ├──────────── 物流成本的
    │             内容及其核算
    │                │
    │         ┌──────┴──────┐
    │     物流成本核算的   物流成本
    │     含义及其原则    核算的方法
    │
    └──────────── 物流作业
                  成本分析
                     │
         ┌───────────┼───────────┐
      作业成本法    作业成本法的  作业成本法的
        概述         步骤       主要特点
```

扩 展 阅 读

沃尔玛降低物流运输成本的六举措

沃尔玛公司是世界上最大的商业零售企业，在物流运营过程中，尽可能地降低成本是其经营的哲学。沃尔玛有时采用空运，有时采用船运，还有一些货物采用卡车公路运输。在我国，沃尔玛百分之百地采用公路运输，所以如何降低卡车运输成本，是沃尔玛物流管理面临的一个重要问题，为此他们主要采取了以下措施。

(1) 沃尔玛使用一种尽可能大的卡车，大约有16米加长的货柜，比集装箱运输卡车更长或更高。沃尔玛把卡车装得非常满，产品从车厢的底部一直装到最高，这样非常有助于节约成本。

(2) 沃尔玛的车辆都是自有的，司机也是他的员工。沃尔玛的车队大约有5000名非司机员工，还有3700多名司机，车队每周每一次运输可以达7000~8000km。

沃尔玛知道，卡车运输是比较危险的，有可能会出交通事故。因此，对于运输车队来说，保证安全是节约成本最重要的环节。沃尔玛的口号是"安全第一，礼貌第一"，而不是"速度第一"。在运输过程中，卡车司机们都非常遵守交通规则。沃尔玛定期在公路上对运输车队进行调查，卡车上面都带有公司的号码，如果看到司机违章驾驶，调查人员就可以根据车上的号码报告，以便于进行惩处。沃尔玛认为，卡车不出事故，就是节省公司的费用，就是最大限度地降低物流成本，由于狠抓了安全驾驶，运输车队已经创造了3 000 000km无事故的纪录。

(3) 沃尔玛采用全球定位系统对车辆进行定位，因此，在任何时候，调度中心都可以知道这些车辆在什么地方，离商店有多远，还需要多长时间才能运到商店，这种估算可以精确到小时。沃尔玛知道卡车在哪里，产品在哪里，就可以提高整个物流系统的效率，有助于降低成本。

(4) 沃尔玛的连锁商场的物流部门，24小时进行工作，无论白天或晚上，都能为卡车及时卸货。另外，沃尔玛的运输车队利用夜间进行从出发地到目的地的运输，从而做到了当日下午进行集货，夜间进行异地运输，翌日上午即可送货上门，保证在15~18个小时内完成整个运输过程，这是沃尔玛在速度上取得优势的重要措施。

(5) 沃尔玛的卡车把产品运到商场后，商场可以把它整个卸下来，而不用对每个产品逐个检查，这样就可以节省很多时间和精力，加快了沃尔玛物流的循环过程，从而降低了成本。这里有一个非常重要的先决条件，就是沃尔玛的物流系统能够确保商场所得到的产品是与发货单完全一致的产品。

(6) 沃尔玛的运输成本比供货厂商自己运输产品要低，所以厂商也使用沃尔玛的卡车来运输货物，从而做到了把产品从工厂直接运送到商场，大大节省了产品流通过程中的仓储成本和转运成本。

沃尔玛的集中配送中心把上述措施有机地组合在一起，做出了一个最经济合理的安排，从而使沃尔玛的运输车队能以最低的成本高效率地运行。

同 步 测 试

一、单项选择题

1. 关于物流活动的最早文献记载是在(   )。

    A. 美国   B. 中国   C. 英国   D. 法国

2. 物流冰山学说理论是日本早稻田大学的(   )提出的。

    A. 西泽修   B. 唐泽丰   C. 菊池康也   D. 平原直

3. 由于企业部门的分割，使得相关物流活动无法进行协调和优化，出现此消彼长的现象，体现了物流成本的(   )。

    A. 普遍性   B. 效益型   C. 内隐性   D. 效益背反性

4. 各国通常使用本国物流总成本与(   )的比例来衡量一国物流业的发展水平。

    A. CPI   B. GDP   C. GNP   D. GMP

5. (   )又称成本库，是构成一个业务过程的相互联系的作业集合。

    A. 作业中心   B. 成本动因   C. 资源   D. 作业

二、多项选择题

1. 社会物流活动中的费用，主要包括(   )。

    A. 运输费用   B. 财务费用   C. 保管费   D. 管理费用

2. 按照成本项目划分，企业物流成本可分为(   )。

    A. 自身物流成本   B. 委托物流费用

    C. 物流功能成本   D. 存货相关成本

3. 作业成本法中的成本动因包括(   )。

    A. 资源动因   B. 作业动因   C. 单位动因   D. 时间动因

4. 作业成本法的基本指导思想是(   )。

A. 作业消耗产品   B. 产品消耗作业

C. 作业消耗资源   D. 资源消耗作业

5. 作业成本法认为，将成本分配到成本对象的形式主要有( )。

A. 直接追溯   B. 动因追溯

C. 分摊   D. 作业追溯

三、简答题

1. 简述物流成本的特征。

2. 简述物流成本的构成。

3. 如何理解物流成本的效益背反理论?

4. 简述物流运输成本的控制方法。

5. 阐述作业成本法的指导思想。

四、案例分析题

对于连锁餐饮这个锱铢必较的行业来说，靠物流手段节省成本并不容易。然而，作为肯德基、必胜客等业内巨头的指定物流提供商，百胜物流公司抓住运输环节大做文章，通过合理地运输安排，降低配送频率，实施歇业时间送货等优化管理方法，有效地实现了物流成本的"缩水"，给业内管理者指出了一条细致而周密的降低物流成本之路。对于连锁餐饮业(QSR)来说，由于原料价格相差不大，物流成本始终是企业成本竞争的焦点。据有关资料显示，在一家连锁餐饮企业的总体配送成本中，运输成本占到60%左右，而运输成本中的55%到60%又是可以控制的。因此，降低物流成本应当紧紧围绕运输这个核心环节。

1. 合理安排运输排程

运输排程的意义在于，尽量使车辆满载，只要货量许可，就应该做相应的调整，以减少总行驶里程。由于连锁餐饮业餐厅的进货时间是事先约定好的，这就需要配送中心就餐厅的需要，制作一个类似列车时刻表的主班表，此表是针对连锁餐饮餐厅的进货时间和路线详细规划制定的。众所周知，餐厅的销售存在着季节性波动，因此主班表至少有旺季、淡季两套方案。有必要的话，应该在每次营业季节转换时重新审核运输排程表。安排主班表的基本思路是，首先计算每家餐厅的平均订货量，设计出若干条送货路线，覆盖所有的连锁餐厅，最终达到总行驶里程最短、所需司机人数和车辆数最少的目的。规划主班表远不止人们想象的那样简单。运输排程的构想最初起源于运筹学中的路线原理，其最简单的模型如图，从起点 A 到终点 O 有多条路径可供选择，每条路径的长度各不相同，要求找到最短的路线。实际问题要比这个模型复杂得多，首先，需要了解最短路线的点数，从图上的几个点增加到成百甚至上千个，路径的数量也相应增多到成千上万条。其次，每个点都有一定数量的货物流需要配送或提取，因此要寻找的不是一条串联所有点的最短路线，而是每条串联几个点的若干条路线的最优组合。另外，还需要考虑许多限制条件，比如车辆装载能力、车辆数目、每个点在相应的时间开放窗口等，问题的复杂度随着约束数目的增加呈几何级数增长。要解决这些问题，需要用线性规划、整数规划等数学工具，目前市场上有一些软件公司能够以这些数学解题方法作为引擎，结合连锁餐饮业的物流配送需求，做出优化运输路线安排的软件。在主班表确定以后，就要进入每日运输排程，也就是每天审视各条路线的实际货量，根据实际货量对配送路线进行调整，通过对所有路线逐一进行安排，可以去除几条送货路线，至少也能减少某些路线的行驶里程，最终达到增加车辆利用率、增加司机工作效率和降低总行驶里程的目的。

2. 减少不必要的配送

对于产品保鲜要求很高的连锁餐饮业来说，尽力和餐厅沟通，减少不必要的配送频率，可以有效地降低物流配送成本。在运输方面，餐厅所在路线的总货量不会发生变化，但配送频率上升，结果会导致运输里程上升，相应地油耗、过路桥费、维护保养费和司机人工时都要上升。在客户服务，餐厅下订单的次数增加，相应的单据处理作业也要增加。餐厅来电打扰的次数相应上升，办公用品(纸、笔、电脑耗材等)的消耗也会增加。在仓储方面，所要花费的拣货、装货的人工会增加。如果涉及短保质期物料的进货频率增加，那么连仓储收货的人工都会增加。在库存管理上，如果涉及短保质期物料进货频率增加，由于进货批量减少，进货运费很可能会上升，处理的厂商订单及后续的单据作业数量也会上升。由此可见，配送频率增加会影响配送中心的几乎所有职能，最大的影响在于运输里程上升所造成的运费上升。因此，减少不必要的配送，对于连锁餐饮企业显得尤其关键。

3. 提高车辆的利用率

车辆时间利用率也是值得关注的，提高卡车的时间利用率可以从增大卡车尺寸、改变作业班次、二次出车和增加每周运行天数四个方面着手。由于大型卡车可以每次装载更多的货物，一次出车可以配送更多的餐厅，由此延长了卡车的在途时间，从而增加了其有效作业的时间。这样做还能减少干路运输里程和总运输里程。虽然大型卡车单次的过路桥费、油耗和维修保养费高于小型卡车，但其总体上的使用费用绝对低于小型卡车。运输成本是最大项的物流成本，所有别的职能都应该配合运输作业的需求。所谓改变作业班次就是指改变仓库和别的职能的作业时间，适应实际的运输需求，提高运输资产的利用率。否则朝九晚五的作业时间表只会限制发车和收货时间，从而限制卡车的使用。如果配送中心实行24小时作业，卡车就可以利用晚间二次出车配送，大大提高车辆的时间利用率。在实际物流作业中，一般会将餐厅分成可以在上午、下午、上半夜、下半夜4个时间段收货，据此制定仓储作业的配套时间表，从而将卡车利用率最大化。

4. 尝试歇业时间送货

目前我国城市的交通限制越来越严，卡车只能在夜间时段进入市区。由于连锁餐厅运作一般到夜间 24 点结束，如果赶在餐厅下班前送货，车辆的利用率势必非常有限。随之而来的解决办法就是利用餐厅的歇业时间送货。歇业时间送货避开了城市交通高峰时间，既没有顾客的打扰，也没有餐厅运营的打扰。由于餐厅一般处在繁华路段，夜间停车也不用像白天那样有许多顾忌，可以有充裕的时间进行配送。由于送货窗口拓宽到了下半夜，使卡车可以二次出车，提高了车辆利用率。在餐厅歇业时段送货的最大顾虑在于安全。餐厅没有员工留守，司机必须拥有餐厅钥匙，掌握防盗锁的密码，餐厅安全相对多了一层隐患。卡车送货到餐厅，餐厅没有人员当场验收货物，一旦发生差错很难分清到底是谁的责任，双方只有按诚信的原则妥善处理纠纷。歇业时间送货要求配送中心和餐厅之间有很高的互信度，如此才能将系统成本降低。所以，这种方式并非在所有地方都可行。

分析：

(1) 物流成本由哪些方面构成？成本费用较高在哪个环节？
(2) 运输成本的管理与控制有哪些方法？

项 目 实 训

【实训项目：物流成本核算情况调查】

分别走访三家物流企业以及流通型企业，了解这些企业物流成本的构成、分类及其核算方法。

【实训目的】

掌握物流企业成本核算的概况，包括物流成本核算体系的构成、方法等，并找出实际存在的问题，给出解决方案。

【实训内容】

(1) 走访物流企业，了解各企业物流成本核算体系。
(2) 讨论各物流企业成本核算方法的不同之处，分析各自存在的问题并给出解决方案。

【实训要求】

训练项目	训练要求	备　注
联系物流企业	(1) 通过网络等方式寻找适合的物流企业； (2) 初步了解该企业物流成本核算体系	熟悉物流成本核算体系
分析成本信息	(1) 分析物流成本占该企业总成本的百分比； (2) 分析该企业物流成本核算体系中现存的问题	掌握物流成本核算的依据
解决问题	(1) 分别用不同方法计算该企业物流成本； (2) 比较不同成本核算方法的优缺点； (3) 建立全新物流成本核算体系	掌握多种不同的物流成本核算方法

第五章　物流技术及其装备

【学习目的与要求】

● 掌握物流技术及其装备的概念、类型、地位及其作用；

● 掌握装卸搬运技术装备的作用和类型；

● 掌握仓储技术与装备的作用和类型；

● 掌握集装单元化技术及其装备的作用和类型；

● 掌握包装技术与装备的作用和类型。

【引导案例】

联华便利物流中心装卸搬运系统

联华公司创建于 1991 年 5 月，是上海首家发展连锁经营的商业公司。公司的快速发展，离不开高效便捷的物流配送中心的大力支持。

在装卸搬运时，操作过程如下：对来货卸下后，把其装在托盘上，由手动叉车将货物搬运至入库运载处，入库运载装置上升，将货物送上入库输送带。当接到向第一层搬送指示的托盘在经过升降机平台时，不再需要上下搬运，而直接从当前位置经过一层的入库输送带自动分配到一层入库区等待入库；接到向二至四层搬送指示的托盘，将由托盘垂直升降机自动传输到所需楼层。当升降机到达指定楼层时，由各层的入库输送带自动搬送货物至入库区。货物下平台时，由叉车从输送带上取下托盘入库。出库时，根据订单进行拣选配货，拣选后的出库货物用笼车装载，由各层平台通过笼车垂直输送机送至一层的出货区，装入相应的运输车上。

先进实用的装卸搬运系统，为联华便利店的发展提供了强大的支持，使联华便利物流运作能力和效率大大提高。

分析：

联华公司物流配送中心的自动化装卸搬运系统是如何实现装卸搬运作业的？

一、物流技术与装备概述

物流技术与装备是实现现代物流各项功能的物质基础，也是提高物流运作效率的关键因素。企业生产经营、国民经济运转，都离不开现代物流技术与装备为核心的现代物流系统的运营。

(一)物流技术与装备的概念与类型

物流技术及其装备是构成物流系统的重要组成要素,影响着物流活动的每一环节,在物流活动中处于十分重要的地位。物流技术及其装备是完成物流各项作业活动的工具与技术手段,主要是指在货物运输、仓储保管、装卸搬运、流通加工、包装与信息处理等物流作业中所使用的技术装备、包装器物、工具与设施、自动化系统、通信系统、计算机系统以及各类信息系统软件等。物流技术是物流现代化的重要环节,是提高物流效率的根本途径;物流装备作为物流技术中的硬件技术是物流软件技术的重要支撑先进的物流技术是通过物流装备实现的。不同的技术装备具有不同的功能,物流设备的类型是根据物流各项活动逐步形成的,按照不同的标准可以分成不同的类型。

(1) 按照物流作业的功能可以分为运输设备、仓储保管设备、装卸搬运设备、流通加工设备、物流包装设备、信息处理设备等。

(2) 按照物流网络特征,即根据网络线路和网络节点,可以分为网络线路上的货物运输技术装备和节点区域内的物料搬运技术装备等。

(3) 按照现代物流技术装备特点,可以分为物流硬件设备和物流软件系统两大类别;如果按照物流设备属性还可以分为企业物流设备和社会物流设备。企业物流设备属于企业自有,如企业的运输车辆、铁路专用线、装卸搬运机械、包装机械、仓储建筑等;社会物流设备是为社会物流服务的公用设备,如运输线路、桥隧、车站、港口等。

(二)物流技术与装备的地位与作用

物流技术及其装备在物流系统中的地位和作用主要表现在以下三方面。

(1) 物流技术及其装备是提高物流系统效率的主要手段。先进的物流系统是以现代的物流技术与设备作为支撑的,物流技术与设备是物流系统的物质技术基础。企业为完成不同的物流任务,需要应用不同的物流技术,配备不同的物流机械设备。物流技术装备的现代化是提高物流生产力的主要手段。

(2) 物流技术及其装备是反映物流系统水平的主要标志。物流技术及其设备是推进科技进步的重要环节,是加快企业物流现代化的主要途径。物流技术与设备应用程度的高低,决定着物流系统的技术含量,直接关系到企业物流活动各项功能的有效实现,成为衡量物流系统水平先进与否主要的标志。

(3) 物流技术及其装备是构筑物流系统的主要成本因素。物流技术装备是物流系统中的重要资产。在物流系统中,物流装备价值所占资产的比例较大,现代物流装备既是技术密集型的生产资料,又是资金密集型的社会财富。

物流技术装备是进行物流活动的物质技术基础，也是生产力发展水平与物流现代化程度的重要标志。物流技术装备对于发展现代物流、改善物流现状、强化物流系统能力，都具有重要的地位和作用。

二、装卸搬运技术装备

(一)装卸搬运技术装备的作用

装卸搬运是物流系统中最基本的功能要素之一，存在于货物运输、储存、包装、流通加工和配送等过程中，装卸搬运技术装备是用来搬移、升降、装卸和短距离输送货物或物料的机械。装卸搬运技术装备的主要作用有：①提高装卸效率，节约劳动力；②缩短作业时间，加快车辆周转；③降低物料搬运作业成本；④充分利用货位，加快货位周转；⑤提高装卸质量。

(二)装卸搬运技术装备类型

1. 起重机械

起重机械，是指用来垂直升降货物或兼作货物的水平移动，以满足货物的装卸、搬运和转载等作业要求。它的工作程序是：吊挂或抓取货物，提升后进行一个或数个动作的移动，将货物放到卸载地点，然后返程做下一次动作准备。起重机械的类型如图 5-1 所示，常见的起重机如图 5-2 所示。

2. 运输机械

运输机械是按照规定路线连续或间歇地运送、装卸散状物料和成件物品的搬运机械。在现代物流活动中，运输机械承担货物的运输任务，具有把各物流阶段连接起来的作用。选用运输机械的主要依据是货物的特性(如形状、重量、脆度、湿度、黏度等)、生产率、运输路线和现场条件、装卸载方式、运输过程中的工艺要求和设备投资、运输费用等。

运输机械按照用途、结构形式、工作原理等分成输送机械、装卸机械和给料机械三大类，具体如图 5-3 所示。运输机械的辅助装置主要有称量装置、料仓、破拱装置、除铁装置和除尘装置等。常见的运输机械如图 5-4 所示。

3. 工业搬运车辆

工业搬运车辆是指用于企业内部对成件货物进行码、牵引或推拉，以及短距离运输作业的各种车辆，其中还包括非铁路干线使用的各种轨道车辆和汽车等。工业车辆已经广泛地用于港口、仓库、货场、工厂车间等，并且可以进入车船和集装箱内进行装卸搬运作业。

工业搬运车辆按其作业方式有多种分类，具体如图 5-5 所示。常见的搬运车辆如图 5-6 所示。

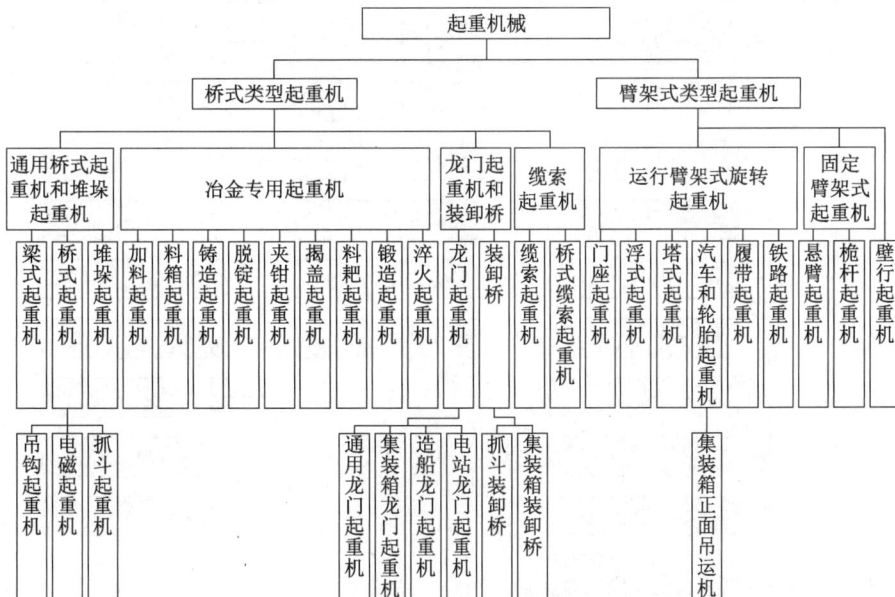

图 5-1　起重机械的类型

(a) 桥式起重机

(b) 塔式起重机

(c) 汽车起重机

图 5-2　常见的起重机

图 5-3　运输机械的类型

(a) 皮带输送机

(b) 板链输送机

(c) 螺旋输送机

图 5-4　常见的运输机械

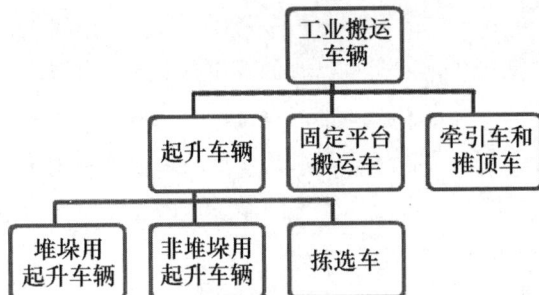

图 5-5 工业搬运车辆的类型

(a) 平衡重式叉车　　　　　　(b) 重型叉车　　　　　　(c) 集装箱叉车

(d) 手动液压搬运车　　(e) 固定平台搬运车　　(f) 牵引车　　(g) 人力搬运车

图 5-6 常见的搬运车辆

【同步阅读 5-1】

一、叉车

叉车又称铲车，以货叉作为主要的取货装置。叉车的前部装有标准货叉，可以自由地插入托盘取货和放货，依靠液压起升机构升降货物，由轮胎式行驶系统实现货物的水平搬运。除使用货叉外，通过配备其他取物装置后，还能用于散货和多种规格品种货物的装卸作业。

叉车通常可以分为：内燃叉车、电动叉车和仓储叉车三大类。

1. 内燃叉车

内燃叉车又分为普通内燃叉车、重型叉车、集装箱叉车和侧面叉车。

1) 普通内燃叉车

普通内燃叉车一般采用柴油、汽油、液化石油气或天然气发动机作为动力，载荷能力1.2～8吨，作业通道宽度一般为3.5～5米，考虑到尾气排放和噪音问题，通常用在室外、车间或其他对尾气排放和噪音没有特殊要求的场所。由于燃料补充方便，因此可实现长时间的连续作业，而且能胜任在恶劣的环境下(如雨天)工作。

2) 重型叉车

重型叉车采用柴油发动机作为动力，承载能力10～52吨，一般用于货物较重的码头、钢铁等行业的户外作业。

3) 集装箱叉车

集装箱叉车采用柴油发动机作为动力，承载能力8～45吨，一般分为空箱堆高机、重箱堆高机和集装箱正面吊，一般应用于集装箱搬运，如集装箱堆场或港口码头作业。

4) 侧面叉车

侧面叉车采用柴油发动机作为动力，承载能力3～6吨。在不转弯的情况下，侧面叉车具有直接从侧面叉取货物的能力，因此主要用来叉取长条形的货物，如木条、钢筋等。

2. 电动叉车

电动叉车以电动机为动力，蓄电池为能源，承载能力1～8吨，作业通道宽度一般为3.5～5米。由于没有污染、噪音小，因此广泛应用于室内操作和其他对环境要求较高的工况，如医药、食品等行业。随着人们对环境保护的重视，电动叉车正在逐步取代内燃叉车。由于每组电池一般在工作约8小时后需要充电，因此对于多班制的工况需要配备备用电池。

3. 仓储叉车

仓储叉车主要是为仓库内货物搬运而设计的叉车。除了少数仓储叉车(如手动托盘叉车)是采用人力驱动的，其他都是以电动机驱动的，因其车体紧凑、移动灵活、自重轻和环保性能好而在仓储业得到普遍应用。在多班作业时，电机驱动的仓储叉车需要有备用电池。

二、牵引车

牵引车是指具有牵引装置、专门用于牵引载货挂车进行水平搬运的车辆，牵引车主要用于仓库、火车站台与库房之间或从库内到库房门口装卸台之间的物资运输。牵引车没有取物装置和载货平台，不能装卸货物，也不能单独搬运货物。牵引车作业时，台车的装卸时间与牵引车的运输时间可交叉进行，并且可以牵引一组台车，从而提高工作效率。

三、人力搬运车

人力搬运车是一种以人力为主，在路面上从事水平运输的搬运车。这是最古老，但至今仍是应用最广泛的搬运设备之一。它具有轻巧灵活、易操作、回转半径小、价格低等优点，广泛使用于车间、仓库、站台、货场等处，是短距离、轻小物品的一种方便而经济的搬运工具。

三、仓储技术装备

(一)仓储技术装备概述

仓储是商品流通的重要环节之一，也是物流活动的重要支柱。在社会分工和专业化生产的条件下，为保持社会再生产过程的顺利进行，必须储存一定量的物资，以满足一定时间内社会生产和消费的需要。仓储技术设备是指仓库进行生产和辅助生产作业以及保证仓库及作业安全所必需的各种机械设备和设施的总称。

仓储技术装备的分类，如图 5-7 所示。

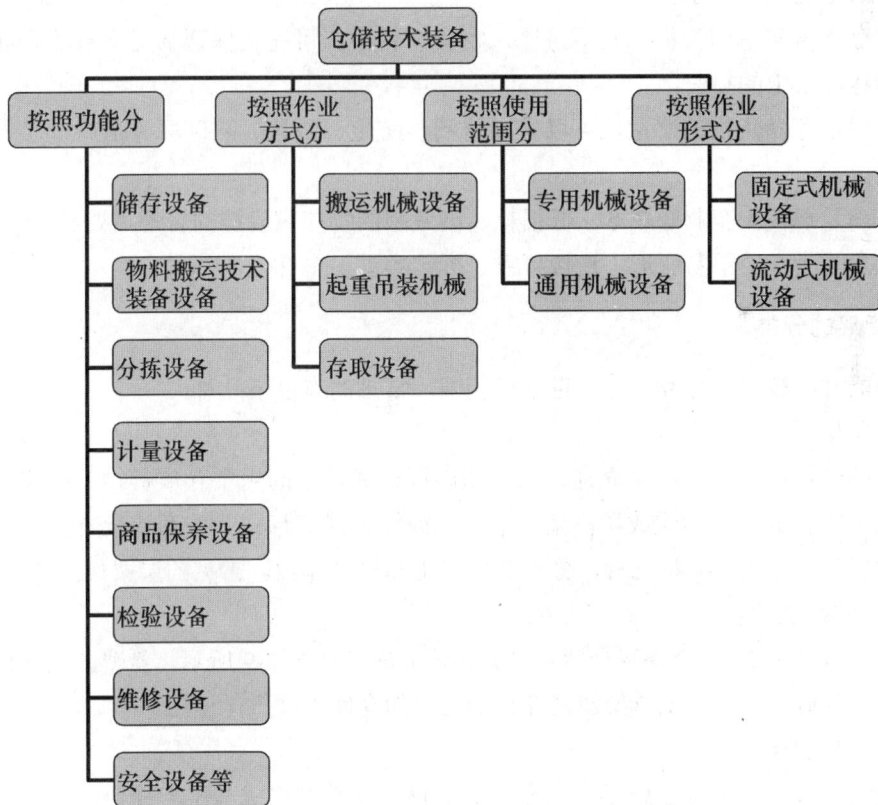

图 5-7　仓储技术装备的分类

物流概论

(二)货架技术

货架是仓库现代化和提高效率的重要工具。仓库中的货架是指专门用于存放单元化物品或成件物品的保管设备。

1. 货架的功能

货架具有以下几个方面的功能。

(1) 立体结构，可充分利用仓库空间，提高仓库容量利用率，扩大仓库储存能力。

(2) 货物存取方便，可做到先进先出，百分之百的挑选能力，流畅的库存周转。

(3) 仓库货架中的货物，一目了然，便于清点、划分、计量等十分重要的管理工作。

(4) 满足大批量货物、品种繁多的存储与集中管理需要，配合机械搬运工具，同样能做到存储与搬运工作秩序井然。

(5) 存入货架中的货物，互不挤压，物资损耗小，可完整保证物资本身的功能，减免货物在储存环节中的损失。

(6) 保证存储货物的质量，可以采取防潮、防尘、防盗、防破坏等措施，以提高物资存储质量。

(7) 满足现代化企业低成本、低损耗、高效率的物流供应链的管理需要。

(8) 承重力大、不易变形、连接可靠、拆装容易，多样化。

2. 货架的分类

货架的种类较多，分类的方法也不尽相同，常见的有以下几种。

1) 层架

层架的结构简单，一般由立柱、横梁和层板构成，层间用于存放货物。层架适用范围广泛，还可以根据需要制作成层格架、抽屉式或橱柜式等形式。按存放货物的重量，层架通常分为轻型、中型和重型三种，分别适应人工和机械作业。常见的层架如图 5-8 所示。

2) 悬臂式货架

悬臂式货架由 3～4 个塔形悬臂和纵梁相连而成，如图 5-9 所示。悬臂的尺寸根据所存放货物的外形确定。悬臂式货架在储存长形货物的仓库中被广泛运用。

3) 托盘货架

托盘货架专门用于存放堆码在托盘上的货物，其基本形式与层架相似，依其存取通道的宽度，可分为传统式通道、窄道式通道及超窄道式通道。托盘货架的使用范围广泛，便于存取拣取。但这种货架的储存密度较低，需要较多的通道，如图 5-10 所示。

图 5-8　层架

图 5-9　悬臂式货架

图 5-10　托盘货架

4）移动式货架

移动式货架的货架底部装有滚轮，滑轮可以沿轨道滑动。移动式货架平时可以密集相连排列，存取货物时通过控制装置驱动货架沿轨道滑动，形成通道，从而大幅度减少通道面积，作业完毕后再将货架移回原来位置。常见的移动式货架如图 5-11 所示。

5）重力式货架

重力式货架主要用于储存整批纸箱包装商品和托盘货物，基本结构与普通层架类似。重力式货架的优点是：保证货物先进先出；货物密集配置，节约仓库空间；货架的货位空缺得到有效控制；货架密集排列，有利于仓库的现场管理；减少装卸搬运设备的投入等。常见的重力式货架如图 5-12 所示。

图 5-11　移动式货架

图 5-12　重力式货架

6)　驶入/驶出式货架

驶入/驶出式货架的特点是作为托盘单元货物的储存货位与叉车的作业通道是共同的，大大提高了仓库的面积利用率。这种类型的货架通常都是密集布置，适用于在大批量少品种的配送中心使用。常见的驶入/驶出式货架如图 5-13 所示。

7)　旋转式货架

旋转式货架是由开关或者计算机操纵，存取货物时，把货物所在货格编号由控制盘或按钮输入，该货格则以最近的距离自动旋转至拣货点停止。旋转式货架的优点是：储存密度增大，节约仓库空间，节约投资，而且便于管理等。旋转式货架有整体旋转式和分层旋转式，或者分为垂直旋转式和水平旋转式两种。常见的旋转式货架如图 5-14 所示。

图 5-13　驶入/驶出式货架

图 5-14　旋转式货架

8) 阁楼式货架

阁楼式货架是一种充分利用空间的简易货架。在货架或工作场地上建造一个中间阁楼以增加储存面积。阁楼楼板上一般可放重量较轻及中小件货物或储存期长的货物，阁楼上一般采用轻型小车或托盘牵引小车作业。常见的阁楼式货架，如图5-15所示。

图 5-15 阁楼式货架

9) 装配式货架

装配式货架可以根据实际的需要进行组装或拆卸，使其与存放物体的体积相适应。装配式货架可以提高货架容积充满系数，增加其储存能力，并可满足货物品种、规格的需要。常见的装配货架，如图5-16所示。

10) 橱柜式货架

橱柜式货架是指在层格架或层架的前面装有橱门，而上下左右及后面均封闭起来的货架。它属于封闭式货架的一种，适用于存放文件、贵重物品、文物及精密配件等物品。常见的橱柜式货架，如图5-17所示。

图 5-16 装配式货架

图 5-17 橱柜式货架

(三)堆垛起重机的类型与应用特点

堆垛起重机是指用货叉或串杆攫取、搬运和堆垛或从高层货架上存取单元货物的专用起重机。 它是一种仓储设备，分为桥式堆垛起重机和巷道式堆垛起重机两种。

1. 桥式堆垛起重机

桥式堆垛起重机是在桥式起重机的基础上结合叉车的特点发展起来的一种自动式堆货的机器，如图 5-18 所示。在从起重小车悬垂下来的刚性立柱上有可升降的货叉，立柱可绕垂直中心线转动，因此货架间需要的巷道宽度比叉车作业时所需要的小。这种起重机支承在两侧高架轨道上运行，除一般单元货物外还可堆运长物件。起重量和跨度较小时也可在悬挂在屋架下面的轨道上运行，这时它的起重小车可以过渡到邻跨的另一台悬挂式堆垛起重机上。立柱可以是单节的或多节伸缩式的。单节立柱结构简单、较轻，但不能跨越货垛和其他障碍物，主要适用于有货架的仓库。多节伸缩式的一般有 2～4 节立柱，可以跨越货垛，因此也可用于使单元货物直接堆码成垛的无架仓库。起重机可以在地面控制，也可在随货叉一起升降的司机室内控制。桥式堆垛起重机的额定起重量一般为 0.5～5 吨，有的可达 20 吨，主要用于高度在 12 米以下、跨度在 20 米以内的仓库。

图 5-18　桥式堆垛起重机

2. 巷道式堆垛起重机

巷道式堆垛起重机，又称巷子式起重机，专用于高架仓库，如图 5-19 所示。采用这种起重机的仓库高度可达 45 米左右。起重机在货架之间的巷道内运行，主要用于搬运装在托盘上或货箱内的单元货物；也可到相应的货格前，由机上人员按出库要求拣选货物出库。巷道式堆垛起重机由起升机构、运行机构、货台司机室和机架等组成，起升机构采用钢丝绳或链条提升。机架有一根或两根立柱，货台沿立柱升降。货台上的货叉可以伸向巷道两侧的货格存取物品，巷道宽度比货物或起重机宽度大 15～20 厘米；起重量一般在 2 吨以下，最大达 10 吨；起升速度为 15～25 米/分，有的可达 50 米/分；起重机运行速度为 60～100 米/分，最大达 180 米/分；货叉伸缩速度为 5～15 米/分，最大已达到 30 米/分。

图 5-19　巷道式堆垛起重机

(四)自动分拣技术装备

分拣是指为进行输送、配送，把很多货物按不同品种、不同地点和单位分配到所设置的场地的一种物料搬运过程，也是一种将物品从集中到分散的处理过程。按照分拣的手段不同，可分为人工分拣、机械分拣和自动分拣三大类。分拣技术应用范围越来越广，已经成为物流系统，尤其是配送系统的重要组成部分。

分拣输送机是工厂自动化立体仓库及物流配送中心对物流进行分类、整理的关键设备之一，通过应用分拣系统可实现物流中心准确、快捷的工作。自动分拣系统的基本构成包括前处理设备(混杂一起的物品的输入)、分拣运输机系统和后处理设备(分拣后物品的输出)、控制装置及计算机管理等四部分组成。

分拣机按照其分拣机构的结构分为不同的类型，常见的类型有以下几种。

1. 挡板式分拣机

挡板式分拣机是利用一个挡板(挡杆)挡住在输送机上向前移动的商品，将商品引导到一侧的滑道排出，如图 5-20 所示。挡板的另一种形式是挡板一端作为支点，可作旋转。挡板动作时，像一堵墙似的挡住商品向前移动，利用输送机对商品的摩擦力推动，使商品沿着挡板表面移动，从主输送机上排出至滑道。平时挡板处于主输送机一侧，可让商品继续前移；如挡板作横向移动或旋转，则商品就排向滑道。

挡板一般是安装在输送机的两侧，和输送机上平面不相接触，即使在操作时也只接触商品而不触及输送机的输送表面，因此它对大多数形式的输送机都适用。就挡板本身而言，也有不同形式，如有直线型、曲线型，也有的在挡板工作面上装有滚筒或光滑的塑料材料，以减少摩擦阻力。

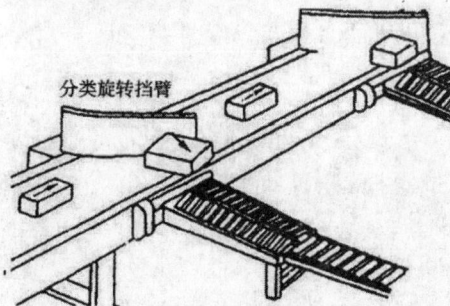

图 5-20　挡板式分拣机

2. 浮出式分拣机

浮出式分拣机是把商品从主输送机上托起，从而将商品引导出主输送机的一种结构形式。从引离主输送机的方向看，一种是引出方向与主输送机构成直角；另一种是呈一定夹角(通常是 30°～45°)。一般是前者比后者生产率低，且对商品容易产生较大的冲击力。

浮出式分拣机大致有以下两种形式。

1)　胶带浮出式分拣机

这种分拣结构用于辊筒式主输送机上，将有动力驱动的两条或多条胶带或单个链条横向安装在主输送辊筒之间的下方，如图 5-21 所示。当分拣机结构接受指令启动时，胶带或链条向上提升，接触商品底部，把商品托起，并将其向主输送机一侧移出。

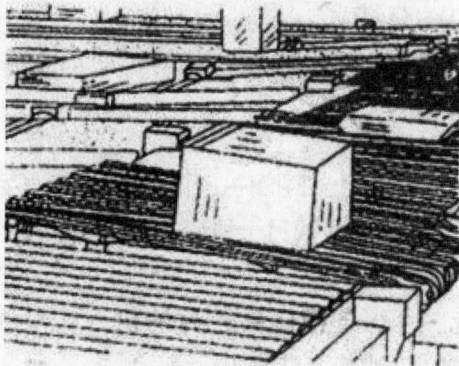

图 5-21　胶带浮出式分拣机

2)　辊筒浮出式分拣机

这种分拣机构用于辊筒式或链条式的主输送机上，将一个或数个有动力的斜向辊筒安装在主输送机表面下方，分拣机构启动时，斜向辊筒向上浮起，接触商品底部，将商品斜向移出主输送机，如图 5-22 所示。这种上浮式分拣机，有一种是采用一排能向左或向右旋转的辊筒，以气功提升，可将商品向左或向右排出。

图 5-22 辊筒浮出式分拣机

3. 倾斜式分拣机

倾斜式分拣机主要有以下四种。

1) 条板倾斜式分拣机

这是一种特殊型的条板输送机，商品装载在输送机的条板上，当商品行走到需要分拣的位置时，条板的一端自动升起，使条板倾斜，从而将商品移离主输送机，如图 5-23 所示。商品占用的条板数量随不同商品的长度而定，经占用的条板数如同一个单元，同时倾斜，因此，这种分拣机对商品的长度在一定范围内不受限制。

图 5-23 条板倾斜式分拣机

2) 翻盘式分拣机

这种分拣机是由一系列的盘子组成，盘子为铰接式结构，向左或向右倾斜，如图 5-24 所示。装载商品的盘子行上到一定位置时，盘子倾斜，将商品翻到旁边的滑道中，为减轻

物流概论

商品倾倒时的冲击力,有的分拣机能控制商品以抛物线状来倾倒出商品。这种分拣机对分拣商品的形状和大小可以不限,但以不超出盘子为限。对于长形商品可以跨越两只盘子放置,倾倒时两只盘子同时倾斜。这种分拣机能常采用环状连续输送,其占地面积较小,又由于是水平循环,使用时可以分成数段,每段设一个分拣信号输入装置,以便商品输入,而分拣排出的商品在同一滑道排出,这样就可提高分拣能力。

图 5-24　翻盘式分拣机

4. 滑块式分拣机

滑块式分拣机也是一种特殊形式的条板输送机,如图 5-25 所示。输送机的表面用金属条板或管子构成,如竹席状,而在每个条板或管子上有一枚用硬质材料制成的导向滑块,能沿条板作横向滑动。平时滑块停止在输送机的侧边,滑块的下部有销子与条板下导向杆联结,通过计算机控制,当被分拣的货物到达指定道口时,控制器使货物有序地向输送机的对面一侧滑动,把货物推入分拣道口,从而商品就被引出主输送机。这种方式是将商品侧向逐渐推出,并不冲击商品,故商品不容易损伤,它对分拣商品的形状和大小适用范围较广,是目前国外一种最新型的高速分拣机。

图 5-25　滑块式分拣机

5. 托盘式分拣机

托盘式分拣机是一种应用十分广泛的机型，它主要由托盘小车、驱动装置、牵引装置等组成，如图 5-26 所示。其中托盘小车形式多种多样，有平托盘小车、U 形托盘小车、交叉带式托盘小车等。

图 5-26　托盘式分拣机

传统的平托盘小车利用盘面倾翻，重力卸载货物，结构简单，但存在着上货位置不稳、卸货时间过长的缺点，从而造成高速分拣时不稳定以及格口宽度尺寸过大。

交叉带式托盘小车的特点是取消了传统的盘面倾翻、利用重力卸落货物的结构，而在车体下设置了一条可以双向运转的短传送带(又称交叉带)，用它来承接上货机，并由牵引链牵引运行到格口，再由交叉带运送，将货物强制卸落到左侧或右侧的格口中。

6. 悬挂式分拣机

悬挂式分拣机是用牵引链(或钢丝绳)作牵引绳的分拣设备，按照有无支线，它可分为固定悬挂和推式悬挂两种机型，如图 5-27 所示。固定悬挂式分拣机用于分拣、输送货物，主要由吊挂小车、输送轨道、驱动装置、张紧装置、编码装置、夹钳等组成。分拣时，货物吊夹在吊挂小车的夹钳中，通过编码装置控制，由夹钳释放机构将货物卸落到指定的搬运小车或分拣滑道上。推式悬挂机除主输送线路外还具备储存支线，并有分拣、储存、输送货物等多种功能。它具有线路布置灵活、允许线路爬升等优点，较普遍用于货物分拣和储存业务。

悬挂式分拣机具有悬挂在空中，利用空间进行作业的特点，它适合于分拣箱类、袋类货物，对包装物形状要求不高，分拣货物重量大，一般可达 100kg 以上，但该机需要专用场地。

(a) 固定悬挂式分拣机

(b) 推式悬挂式分拣机

图 5-27　悬挂式分拣机

7. 滚柱式分拣机

滚柱式分拣机是用于对货物输送、存储与分路的分拣设备，按处理货物流程需要，可以布置成水平形式，也可以和提升机联合使用构成立体仓库，如图 5-28 所示。

图 5-28　滚柱式分拣机

滚柱式分拣机中的滚柱机的每组滚柱(一般由 3~4 个滚柱组成,与货物宽度或长度相当)均各自具有独立的动力，可以根据货物的存放和分路要求，由计算机控制各组滚柱的转动或停止。货物输送过程中在需要积放、分路的位置均设置光电传感器进行检测。当货物输送到需分路的位置时，光电传感器给出检测信号，由计算机控制货物下面的那组滚柱停止转动，并控制推进器开始动作，将货物推入相应支路，实现货物的分拣工作。

四、集装单元化技术及其装备

(一)集装单元及集装单元化

集装是以最有效地实行物资搬运作为基本条件，把若干物品和包装货物或者零散货物恰当地组合包装，达到适合于装卸、存放、搬运及机械操作。集装单元化就是以集装单元为基础组织的装卸、搬运、储存和运输等物流活动的方式。集装单元化具有以下几个方面的特点。

(1) 通过标准化、通用化、配套化和系统化以实现物流功能作业的机械化、自动化。

(2) 物品移动简单、减少重复搬动次数、缩短作业时间和提高效率、装卸机械的机动性增高。

(3) 改善劳动条件、降低劳动强度和提高劳动生产率和物流载体利用率。

(4) 物流各功能环节中便于衔接，容易进行物品的数量检验，清点交接简便，减少差错。

(5) 货物包装简单，节省包装费用，降低物流功能作业(如搬运、存放和运输等)成本。

(6) 容易高堆积，减少物品堆码存放的占地面积，能充分灵活地运用空间。

(7) 能有效地保护物品，防止物品的破损、污损和丢失。

(8) 其缺点是作业有间歇、需要宽阔地道路和良好地路面、托盘和集装箱地管理烦琐、设备费用一般较高，由于托盘和集装箱自身的体积及重量的原因，使物品的有效装载减少。

(二)集装单元化器具

集装器具主要有三大类，即集装箱、托盘和其他集装器具。

1. 集装箱

1) 集装箱概述

集装箱，英文 Container，是指具有一定强度、刚度和规格，专供周转使用的大型装货容器。使用集装箱转运货物，可直接在发货人的仓库装货，运到收货人的仓库卸货，中途更换车、船时，无须将货物从箱内取出换装。集装箱如图 5-29 所示。

图 5-29　集装箱

集装箱标准按使用范围分，有国际标准、国家标准、地区标准和公司标准四种。集装箱标准化历经了一个发展过程。国际标准化组织 ISO/TC104 技术委员会自 1961 年成立以来，对集装箱国际标准作过多次补充、增减和修改，现行的国际标准为第 1 系列共 13 种，其宽度均一样(2438mm)、长度有 4 种(12 192mm、9125mm、6058mm、2991mm)、高度有 3 种(2896mm、2591mm、2438mm)。

2)　集装箱的分类

集装箱种类很多，分类方法多种多样，具体如下。

(1)　按所装货物种类划分。

按所装货物种类分为干货集装箱、散货集装箱、液体货集装箱、冷藏箱集装箱，以及一些特种专用集装箱，如汽车集装箱、牧畜集装箱、兽皮集装箱等。

①　普通集装箱，又称货集装箱是最普通的集装箱，主要用于运输一般杂货，适合各种不需要调节温度的货物使用的集装箱，一般称通用集装箱。

②　散货集装箱是用以装载粉末、颗粒状货物等各种散装的货物的集装箱。

③　液体货集装箱是用以装载液体货物的集装箱。

④　冷藏集装箱是一种附有冷冻机设备，并在内壁敷设热传导率较低的材料，用以装载冷冻、保温、保鲜货物的集装箱。

⑤　汽车集装箱是一种专门设计用来装运汽车，并可分为两层装货的集装箱。

⑥　牲畜集装箱是一种专门设计用来装运活牲畜的集装箱，有通风设施，带有喂料和除粪装置。

⑦　兽皮集装箱是一种专门设计用来装运生皮等带汁渗漏性质的货物，有双层底，可存贮渗漏出来的液体的集装箱。

(2)　按制造材料分类。

按制造材料即按集装箱主体部件(侧壁、端壁、箱顶等)材料，可分成钢制集装箱、铝合金集装箱和玻璃钢集装箱。

①　钢制集装箱，用钢材造成，优点是强度大，结构牢，焊接性高，水密性好，价格低廉；缺点是重量大、防腐性差。

②　铝合金集装箱，用铝合金材料造成，优点是重量轻，外表美观，防腐蚀，弹性好，加工方便以及加工费、修理费低，使用年限长；缺点是造价高，焊接性能差。

③　玻璃钢集装箱，用玻璃钢材料造成，优点是强度大，刚性好，内容积大，隔热、防腐、耐化学性好，易清扫，修理简便；缺点是重量大，易老化，拧螺栓处强度降低。

(3)　按结构划分。

按结构可分为固定式集装箱、折叠式集装箱、薄壳式集装箱。

①　固定式集装箱还可分为密闭集装箱、开顶集装箱、板架集装箱等。

②　折叠式集装箱是指集装箱的主要部件(侧壁、端壁和箱顶)能简单地折叠或分解，再次使用时可以方便地再组合起来。

③　薄壳式集装箱是把所有部件组成一个钢体，它的优点是重量轻，可以适应所发生的扭力而不会引起永久变形。

(4)　按总重划分。

集装箱按总重可分为 30 吨集装箱、20 吨集装箱、10 吨集装箱、5 吨集装箱、2.5 吨集装箱等。

(5)　按规格划分。

国际上通常使用的干货柜有：外尺寸为 20 英尺×8 英尺×8 英尺 6 吋，简称 20 尺货柜；外尺寸为 40 英尺×8 英尺×8 英尺 6 吋，简称 40 尺货柜；外尺寸为 40 英尺×8 英尺×9 英尺 6 吋，简称 40 尺高柜。

(6)　按用途划分。

按用途分为冷冻集装箱、挂衣集装箱、开顶集装箱、框架集装箱、罐式集装箱、冷藏集装箱、平台集装箱、通风集装箱、保温集装箱。

①　冷冻集装箱分外置和内置式两种，温度可在-60℃～+30℃之间调整。内置式集装箱在运输过程中可随意启动冷冻机，使集装箱保持指定温度；而外置式则必须依靠集装箱专用车、船和专用堆场车站上配备的冷冻机来制冷。冷冻集装箱适合在夏天运输黄油、巧克力、冷冻鱼肉、炼乳等物品。

②　挂衣集装箱是在箱内上侧梁上装有许多根横杆，每根横杆上垂下若干条皮带扣、尼龙带扣或绳索，成衣利用衣架上的钩直接挂在带扣或绳索上。

③　开顶集装箱用于装载玻璃板，钢制品、机械等重货，可以使用起重机从顶部装卸，

开顶箱顶部可开启或无固定项面的集装箱。

④ 框架集装箱是以箱底面和四周金属框架构成的集装箱，适用于长大、超重、轻泡货物。

⑤ 罐装集装箱是由箱底面和罐体及四周框架构成的集装箱，适用于液体货物。平台集装箱是专供装运超限货物的集装箱，有一个强度很大的底盘，在装运大件货物时，可同时使用几个平台集装箱。

⑥ 冷藏集装箱是以运输冷冻食品为主，能保持所定温度的保温集装箱。它专为运输如鱼、肉、新鲜水果、蔬菜等食品而特殊设计的。

⑦ 通风集装箱是为装运水果、蔬菜等不需要冷冻而具有呼吸作用的货物，在端壁和侧壁上设有通风孔的集装箱。

⑧ 保温集装箱是为了运输需要冷藏或保温的货物，所有箱壁都采用导热率低的材料隔热而制成的集装箱。

2. 托盘

1) 托盘概述

我国国家标准《物流术语》对托盘的定义是：用于集装、堆放、搬运和运输的放置作为单元负荷的货物和制品的水平平台装置。作为与集装箱类似的一种集装设备，托盘现已广泛应用于生产、运输、仓储和流通等领域。

2) 托盘的种类

(1) 木制托盘。木制托盘是托盘中最传统和最普及的类型，主要有纵梁式托盘(美式托盘)和垫块式托盘(欧式托盘)两种，如图 5-30 所示。

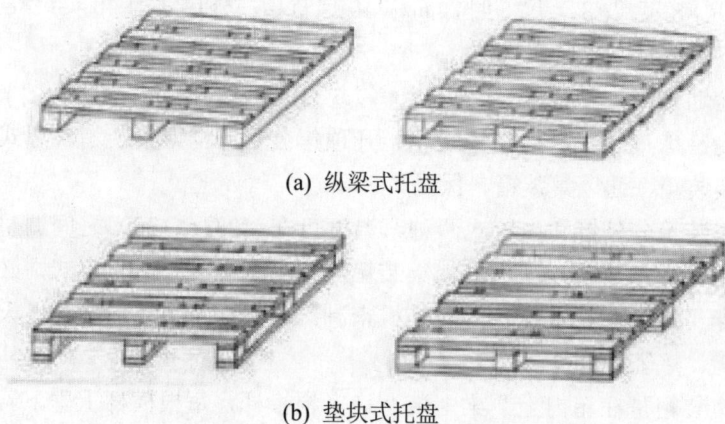

(a) 纵梁式托盘

(b) 垫块式托盘

图 5-30　木质托盘

① 纵梁式托盘是北美地区通用的标准型托盘，故又称"美式托盘"。其优点是结构简单、生产便捷、整体牢固性好，缺点是基本为双向进叉，在纵梁开 V 形槽口的情况下可实现四向进叉，但也仅限于非手动托盘车，更适用于自动化程度较高的搬运条件。

② 垫块式托盘是欧洲通用的标准型托盘，又称 "欧式托盘"。其优点是全部四向进叉，使用方便，其缺点是结构复杂，整体牢固性稍差。目前在我国使用较多。

(2) 塑料托盘。

① 根据塑料托盘生产工艺，基本可分为注塑和吹塑两大类，如图 5-31 所示。

图 5-31 塑料托盘

a. 国产注塑托盘：由于承载力稍小，托盘结构一般为单面使用型，双面使用型只能用两个单面托盘焊接或加螺栓制成，因而较少生产。

b. 国产吹塑托盘：相比注塑托盘，其承载力大，抗冲击性强，寿命更长。但是产品全部为双面结构，手动托盘搬运车及托盘举升车无法使用。

c. 进口塑料托盘：目前，我们一般把进口塑料托盘分为两大类，传统型托盘和新型托盘。传统型塑料托盘：原材料的稳定性较好，但是价格较贵。

新型塑料托盘也叫注压托盘，制作成本较低，承载力有所提高，是托盘发展的新趋势。

② 根据塑料托盘不同的承重要求，应用范围分为以下几种。

a. 单面型托盘，是指承载面为特定的一面而且不可翻转使用的托盘结构。根据其底部的结构不同，又可分为以下几种。

● 川字底型：使用范围较广，其结构形式满足长方向可使用手动液压托盘车或叉车，宽方向可使用叉车进行周转。托盘的承载面根据使用行业的不同需求有网格型和平板型供选择。

● 田字底型：田字底结构的塑料托盘由于其底部为方形框架结构，在堆垛使用时受力均匀，整体稳定性能好因而具有较大的优势，但使用时需注意与手动液压托盘车的匹配。

● 九脚型：此结构托盘的承重能力普遍较低，但结构形式的设计可满足手动液压托盘车及叉车的四向进叉需要，多为低承重量，低频率周转的情况下使用或一次性发货使用。同时还备有网格、平面两种面板形式满足不同行业的需要。

b. 双面型托盘，是指双面均可使用的塑料托盘，承重性能好。托盘的双面均为网格型或平板型，由于其结构设计的原因并不能使用手动托盘车，同时因为自重较大，人工搬运也很不方便。

(3) 木塑复合托盘。木塑复合托盘是一种最新的复合材料托盘，如图 5-32 所示。它综合了木制托盘、塑料托盘和金属制托盘的优点，其缺点在于自重较大，约为木制、塑料托盘的两倍，人工搬运略有不便，以及由此造成的生产成本较大。木塑复合托盘在西方发达国家已有较大范围的应用。

(4) 纸制托盘。纸制托盘也叫作蜂窝托盘，其结构运用科学的力学原理(蜂窝状)实现其良好的物理特性，具有重量轻、成本低、出口免检、环保可回收等优点，多为一次性托盘。但其承重量相对于其他托盘较小，防水、防潮性能较差。常见的纸制托盘，如图 5-33 所示。

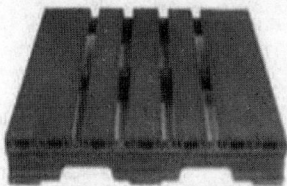

图 5-32 木塑复合托盘

图 5-33 纸制托盘

(5) 金属托盘。金属托盘主要是采用钢或铝合金模压焊接制成，是承载性、牢固性及表面抗侵蚀性最好的托盘，如图 5-34 所示。但其自身重量偏大(钢制托盘)，同时价格昂贵，主要适用于石油、化工等对托盘有特殊要求的领域。

(6) 层积板托盘。层积板托盘是现代化物流发展过程中出现的一种新型托盘，它主要是使用多层复合胶合板或平行合板层积材(LVL)，经胶合后，通过高温高压加工制成，如图 5-35 所示。层积板托盘能替代纯木质托盘，外观洁净、免熏蒸，符合环保要求，可供一次性出口使用，是国外目前较为流行的木托盘替代品。

图 5-34 金属托盘

图 5-35 层积板托盘

(7) 箱式托盘。箱式托盘是四面有侧板的托盘，有的箱体上有顶板，有的没有顶板，如图 5-36 所示。箱板有固定式、折叠式、可卸下式三种。四周栏板有板式、栅式和网式，因此，四周栏板为栅栏式的箱式托盘也称笼式托盘或仓库笼。箱式托盘防护能力强，可防止塌垛和货损，可装载异型不能稳定堆码的货物，应用范围广。

图 5-36　箱式托盘

(8) 模压托盘。模压托盘由木纤维、树脂胶经模压制成，有的加入塑料料粒并配以石蜡或添加剂，多用作一次性托盘，如图 5-37 所示。其承载性能、坚固程度及卫生洁净度均好于一次性木制托盘或纸托盘，但价格稍高。

图 5-37　模压托盘

(9) 滑托板。滑托板是一种在一个或多个边上延伸有翼边的平板，是一种在货物放置、搬运时不需要移动托盘的装载辅助工具，只要在叉车上装上特殊的推/拉装置，滑托板就可以替代托盘进行搬运和储存，如图 5-38 所示。滑托板有以下几种类型。

① 单翼滑板：一边设翼板的滑板。

② 对边双翼滑板：两条对边设翼板的滑板。

③ 临边双翼滑板：两条相邻边设翼板的滑板。

④ 三翼滑板：在三个相邻边设翼板的滑板。

⑤ 四翼滑板：在四个边设翼板的滑板。

(10) 柱式托盘。柱式托盘是在平托盘基础上发展起来的，其特点是在不压货物的情况下可进行码垛(一般为四层)，多用于包装物料、棒料管材等的集装，如图 5-39 所示。柱式托盘还可以为可移动的货架、货位；不用时，还可叠套存放，节约空间。近年来，柱式托盘在国内外推广迅速。

图 5-38　滑托板

图 5-39　柱式托盘

五、包装技术与装备

(一)包装的含义

包装是为在流通过程中保护产品，方便储运，促进销售，按一定技术方法而采用的容器、材料及辅助物的总体名称。从广义来讲，一切进入流通领域的拥有商业价值的事物的外部形式都是包装。包装一般有两重含义。

(1)　关于盛装商品的容器、材料及辅助物品，即包装物。

(2)　关于实施盛装和封缄、包扎等的技术活动。

(二)包装的功能

包装具有以下几个方面的功能。

1. 保护产品

保护产品是包装最重要的功能，可保护商品免受日晒、雨淋、灰尘污染等自然因素的侵袭，防止挥发、渗漏、溶化、污染、碰撞、挤压、散失以及盗窃等损失。

2. 方便储运

运输包装的主要目的在于要便于装卸、储存和运输，以期将商品完好无损地送达目的地和消费领域，如装卸、盘点、码垛、发货、收货、转运、销售计数等，为流通环节贮、运、调、销带来方便。

3. 促进销售

包装设计在考虑一般性功能与特定性功能外，还有美化作用与装饰作用。包装可美化商品、吸引顾客，有利于促销，实现商品价值和使用价值。

(三)包装的分类

包装有多种类型，具体如下。

(1) 按产品销售范围可分为内销产品包装和出口产品包装。

(2) 按包装在流通过程中的作用可分为有单件包装、中包装和外包装等。

(3) 按包装制品材料可分为有纸制品包装、塑料制品包装、金属包装、竹木器包装、玻璃容器包装和复合材料包装等。

(4) 按包装使用次数可分为一次用包装、多次用包装和周转包装等。

(5) 按包装容器的软硬程度可分为硬包装、半硬包装和软包装等。

(6) 按产品种类可分为食品包装、药品包装、机电产品设器包装和危险品包装等。

(7) 按功能可分为运输包装、储藏包装和销售包装等。

(8) 按包装技术方法可分为防震包装、防湿包装、防锈包装和防霉包装等。

(9) 按包装结构形式可分为贴体包装、泡罩包装、热收缩包装、可携带包装、托盘包装和组合包装等。

(四)包装技术及其装备

1. 包装材料技术

1) 纸包装材料

纸包装材料是现代包装的四大支柱之一。由于其原料是取自木材、稻草、芦苇等，资源丰富，具有质轻、易加工、成本低、废弃物易回收处理等特性，如包装纸蜂窝纸、纸袋纸、干燥剂包装纸、蜂窝纸板、牛皮纸工业纸板、蜂窝纸芯。

2) 塑料包装材料

塑料包装材料是现代使用很广泛的一种包装材料，具有气密性好，易于成形和封口、防潮、防渗漏、化学性能稳定、耐腐蚀等许多优良特性，如 PP 打包带、PET 打包带、缠绕膜、封箱胶带、热收缩膜、塑料膜、中空板。

3) 木材包装材料

木材制品和人造木材板材(如胶合板、纤维板)制成的包装，如木箱、木桶、木匣、木夹板、纤维板箱、胶合板箱以及木制托盘等。

4) 金属包装材料

金属包装材料以其坚固性在包装材料中占有一定地位，如马口铁铝箔、桶箍、钢带、打包扣、泡罩铝、PTP 铝箔、铝板、钢扣。

5) 复合类软包装材料

复合类软包装材料如软包装、镀铝膜、铁芯线、铝箔复合膜、真空镀铝纸、复合膜、复合纸、BOPP。

6) 陶瓷包装材料

陶瓷包装材料如陶瓷瓶、陶瓷缸、陶瓷坛、陶瓷壶。

7) 玻璃包装材料

玻璃包装材料如玻璃瓶、玻璃罐、玻璃盒。

8) 其他包装材料/辅料

(1) 烫金材料：烫金材料、镭射膜、电化铝烫金纸、烫金膜、烫印膜、烫印箔、烫印箔、色箔。

(2) 胶粘剂、涂料：黏合剂胶粘剂、复合胶、增强剂、淀粉黏合剂、封口胶、乳胶、树脂、不干胶。

(3) 包装辅助材料：瓶盖手套机、模具、垫片、提手、衬垫喷头、封口盖、包装膜。

2. 特定功能性包装技术装备

1) 防震包装技术装备

防震包装，又称缓冲包装，在各种包装方法中占有重要的地位。产品从生产出来到开始使用要经过一系列的运输、保管、堆码和装卸过程，置于一定的环境之中。在任何环境中都会有力作用在产品之上，并使产品发生机械性损坏。为了防止产品遭受损坏，就要设法减小外力的影响，所谓防震包装就是指为减缓内装物受到冲击和振动，保护其免受损坏所采取的一定防护措施的包装。防震缓冲材料应具有良好的吸收冲击能量和震动外力的性能，并能使其减弱和消除、良好的复原性、温度和湿度的安定性、比较小的吸湿性和适宜的酸碱性等。防震包装技术主要有四种：全面防震包装、部分防震包装、悬浮式防震包装、联合方式的防震包装。

防震包装的流程如图 5-40 所示。

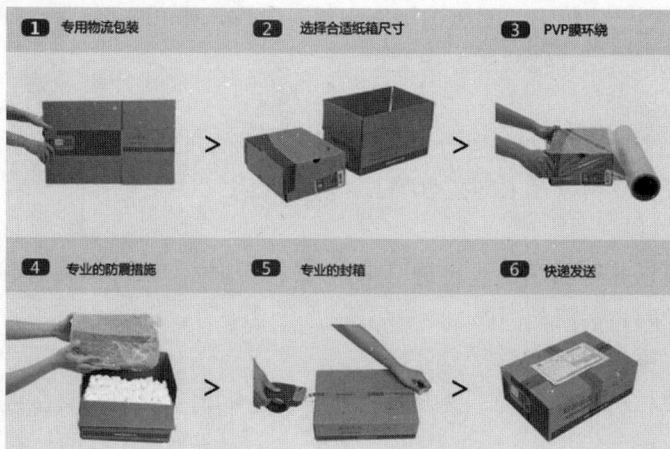

图 5-40　防震包装的流程

2) 防潮、防湿、防水包装技术装备

防潮、防湿、防水包装的作用是阻隔外界水分的侵入，减少、避免由于外界温、湿度的变化而产生反潮、结露和霉变现象。包装材料必须具有抵御外力作用和防止水分进入内部两种保护性能，如低密度聚乙烯、聚氯乙烯、防潮柏油纸、石油沥青油毡等。防湿、防水用的密封材料有压敏胶带、防水胶粘带、防水胶粘剂以及密封用橡胶皮等。对防湿、防水的包装容器，装填内装物后严密封严，保证结合处不渗水，保证水不会透过而侵害内装产品。在设计和选用防潮包装时，应根据储运环境、气候情况、内装物的性质和储运有效期来选定防潮包装的等级。

3) 防锈包装技术装备

为了减轻因金属锈蚀带来的损失，对金属制品采用适宜的防锈材料和包装方法，以防止其在贮运过程中发生锈蚀而进行的技术处理，就是防锈包装技术。在包装工程中遇到最多的是大气锈蚀。锈蚀对于金属材料和制品有严重的破坏作用。据试验，钢材如果锈蚀 1%，它的强度就要降低 5%～10%，薄钢板就更容易因锈蚀穿孔而失去使用价值。金属制品因锈蚀而造成的损失远远超过所用材料的价值。影响金属制品锈蚀的因素有：空气湿度、气温、有害气体与杂质，如二氧化硫、硫化氢、氯化物灰尘等。防锈包装一般有清洗产品、干燥去湿和防锈处理三道工序。防锈处理的方法有：防锈油脂封存包装、气相防锈剂封存包装、可剥性塑料封存包装、茧式包装。

4) 防霉包装技术装备

防霉包装是在流通与储存过程中，为防止内装物长霉影响质量而采取一定防护措施的包装。如对内装物进行防潮包装，降低包装容器内的相对湿度，对内装物和包装材料进行防霉处理等。防霉包装能使包装及其内装物处于霉菌被抑制的特定条件下，保持其质量完好和延长保存期限。防霉包装必须根据微生物的生理特点，改善生产和控制包装储存等环境条件，达到抑制霉菌生长的目的。①要尽量选用耐霉腐和结构紧密的材料，如铝箔、玻璃和高密度聚乙烯塑料、聚丙烯塑料、聚酯塑料及其复合薄膜等，这些材料具有微生物不易透过的性质，有较好的防霉效能。②要求容器有较好的密封性，因为密封包装是防潮的重要措施，如采用泡罩、真空和充气等严密封闭的包装，既可阻隔外界潮气侵入包装，又可抑制霉菌的生长和繁殖。对产品通过结构设计、制造工艺、表面隔离以及采用添加防霉剂处理的办法达到防霉的要求。③从包装方面来说，要根据霉菌的生理特性，控制霉菌的生长条件，对包装结构、工艺过程通过改进来达到防霉的目的。

5) 防虫包装技术装备

防虫包装就是为了保护内装物免受虫类侵害而采取一定防护措施的包装。防虫包装技术常用的是驱虫剂，也可采用真空包装、充气包装、脱氧包装等技术，从而防止虫害。防虫包装技术可分为以下五种。

(1) 充气包装。充气包装是采用二氧化碳气体或氮气等不活泼气体置换包装容器中空气的一种包装技术方法，因此也称为气体置换包装。这种包装方法是根据好氧性微生物需氧代谢的特性，在密封的包装容器中改变气体的组成成分，降低氧气的浓度，抑制微生物的生理活动、酶的活性和鲜活商品的呼吸强度，达到防霉、防腐和保鲜的目的。

(2) 真空包装。真空包装是将物品装入气密性容器后，在容器封口之前抽真空，使密封后的容器内基本没有空气的一种包装方法。

一般的肉类商品、谷物加工商品以及某些容易氧化变质的商品都可以采用真空包装，真空包装不但可以避免或减少脂肪氧化，而且抑制了某些霉菌和细菌的生长。同时在对其进行加热杀菌时，由于容器内部气体已排除，因此加速了热量的传导，提高了高温杀菌效率，也避免了加热杀菌时由于气体的膨胀而使包装容器破裂。

(3) 收缩包装。收缩薄膜是一种经过特殊拉伸和冷却处理的聚乙烯薄膜，由于薄膜在定向拉伸时产生残余收缩应力，这种应力受到一定热量后便会消除，从而使其横向和纵向均发生急剧收缩，同时使薄膜的厚度增加，收缩率通常为30%～70%，收缩力在冷却阶段达到最大值，并能长期保持。

(4) 拉伸包装。拉伸包装是 20 世纪 70 年代开始采用的一种新包装技术，它是由收缩包装发展而来的，拉伸包装是依靠机械装置在常温下将弹性薄膜围绕被包装件拉伸、紧裹，并在其末端进行封合的一种包装方法。由于拉伸包装不需要进行加热，所以消耗的能源只有收缩包装的二十分之一。拉伸包装可以捆包单件物品，也可用于托盘包装之类的集合包装。

(5) 脱氧包装。脱氧包装是继真空包装和充气包装之后出现的一种新型除氧包装方法。脱氧包装是在密封的包装容器中，使用能与氧气起化学作用的脱氧剂与之反应，从而除去包装容器中的氧气，以达到保护内装物的目的。脱氧包装方法适用于某些对氧气特别敏感的物品，使用于那些即使有微量氧气也会促使品质变坏的食品包装中。

本章知识结构图

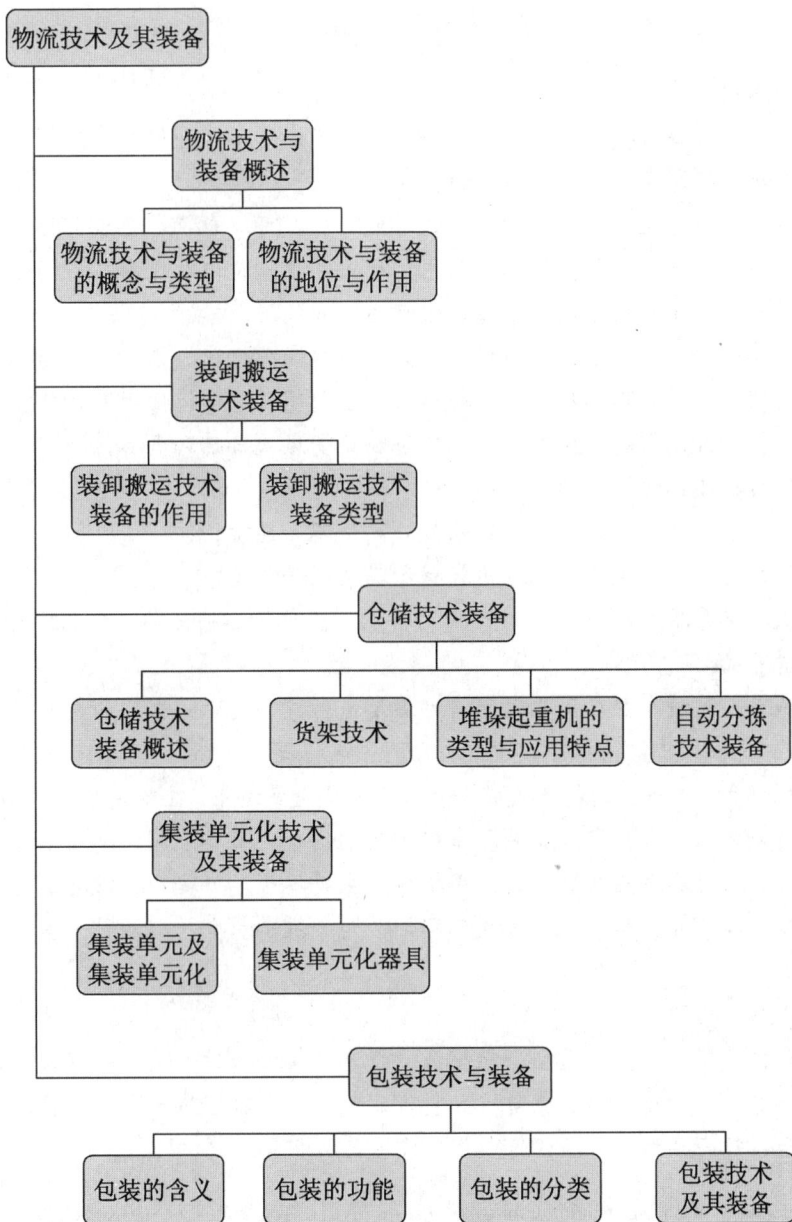

```
物流技术及其装备
│
├─ 物流技术与
│  装备概述
│  ├─ 物流技术与装备      物流技术与装备
│  │  的概念与类型        的地位与作用
│
├─ 装卸搬运
│  技术装备
│  ├─ 装卸搬运技术        装卸搬运技术
│  │  装备的作用          装备类型
│
├─ 仓储技术装备
│  ├─ 仓储技术    货架技术    堆垛起重机的    自动分拣
│  │  装备概述               类型与应用特点   技术装备
│
├─ 集装单元化技术
│  及其装备
│  ├─ 集装单元及        集装单元化器具
│  │  集装单元化
│
└─ 包装技术与装备
   ├─ 包装的含义    包装的功能    包装的分类    包装技术
   │                                          及其装备
```

扩 展 阅 读

公路运输设备

1. 专用运输车辆

专用运输车辆主要有自卸式货车；散粮车；挂车或货车，即箱式车；敞车；平板车，挂车；罐式挂车；冷藏车；高栏板车；特种车。

(1) 自卸式货车。这种货车动力大，通过能力强，可以自动后翻或侧翻，物品可以凭借本身的重力自行卸下。自卸式货车一般用于矿山和建筑工地及煤和矿石的运输。

(2) 散粮车。散粮车的专用性很强，供承运粮食使用。

(3) 厢式车。由于厢式车结构简单，运力利用率高，适应性强，所以是物流领域应用前景最广泛的货车。厢式车的主要特点是车厢是全封闭的，车门便于装卸作业，能够实现"门到门"运输。封闭式的车厢不仅可以使货物免受风吹日晒和雨淋，还可以防止货物的散失，减少货损，提高运输质量。

(4) 敞车。因为顶部敞开，敞车可以装载高低不等的货物。

(5) 平板车。这种车主要用于运输钢材和集装箱等货物。

(6) 罐式挂车。这种车具有密封性强的特点，适用于运输流体类物品(如石油)及易挥发、易燃等危险品。

(7) 冷藏车。这种车主要用于运送需对温度进行控制的冷藏保鲜的易腐、易变质的及鲜活物品。

(8) 高栏板式。这种车的特点是整车重心低，载重量适中，主要用于装载百货和杂品。

(9) 集装箱牵引车和挂车。集装箱牵引车专门用于拖带集装箱挂车或半挂车，两者结合组成车组，是长距离运输集装箱的专用机械，主要用于港口码头、铁路货场与集装箱堆场之间的运输。集装箱挂车按拖挂方式不同，分为半挂车和全挂车两种，其中半挂车最为常用。

2. 载货汽车

载货汽车按载货量分，有重型、轻型载货汽车；按汽车的大小分，有大型、中性、微型载货汽车。其中，进行室内的集货、配货可以用微型和轻型货车，长距离的干线运输可以用重型货车，短距离的室外运输可以用中型货车。

(资料来源：http://baike.baidu.com/link? url=uFaAftHUTcEDpll5-QA5HqKg5U0OFi_Rf2upc9Fts0_

d3AKLjUSjs-jt-JsQPXjb2cOyMykZUgpP1fK3ObTTaK)

同 步 测 试

一、单项选择题

1. 下列对于起重机械描述正确的是（　　）。

    A. 是指用来垂直升降货物或兼作货物的水平移动，以满足货物的装卸、搬运和转载等作业要求

    B. 是按照规定路线连续或间歇地运送、装卸散状物料和成件物品的搬运机械

    C. 在现代物流活动中，承担货物的运输任务，具有把各物流阶段连接起来的作用

    D. 以货叉作为主要的取货装置，叉车的前部装有标准货叉，可以自由地插入托盘取货和放货

2. 下列对运输机械描述正确的是（　　）。

    A. 运输机械的工作程序：吊挂或抓取货物，提升后进行一个或数个动作的移动，将货物放到卸载地点，然后返程做下一次动作准备

    B. 是按照规定路线连续或间歇地运送、装卸散状物料和成件物品的搬运机械

    C. 以货叉作为主要的取货装置，叉车的前部装有标准货叉，可以自由地插入托盘取货和放货

    D. 一般采用柴油、汽油、液化石油气或天然气发动机作为动力，载荷能力1.2～8吨

3. 下列对叉车描述正确的是（　　）。

    A. 叉车是指专门用于存放单元化物品

    B. 它的工作程序是：吊挂或抓取货物，提升后进行一个或数个动作的移动，将货物放到卸载地点，然后返程做下一次动作准备

    C. 叉车主要有称量装置、料仓、破拱装置、除铁装置和除尘装置等

    D. 叉车又称铲车，以货叉作为主要的取货装置。叉车的前部装有标准货叉，可以自由地插入托盘取货和放货，依靠液压起升机构升降货物，由轮胎式行驶系统实现货物的水平搬运

4. 下列对仓储技术设备描述正确的是（　　）。

    A. 一般用于货物较重的码头、钢铁等行业的户外作业

    B. 在现代物流活动中，仓储机械承担货物的运输任务，具有把各物流阶段连接起来的作用

    C. 通常用在室外、车间或其他对尾气排放和噪音没有特殊要求的场所

D. 是指仓库进行生产和辅助生产作业以及保证仓库及作业安全所必需的各种机械设备和设施的总称

5. 下列对仓库中的货架描述正确的是(　　)。

A. 是指用来垂直升降货物或兼作货物的水平移动，以满足货物的装卸、搬运和转载等作业要求

B. 是按照规定路线连续或间歇地运送、装卸散状物料和成件物品的搬运机械

C. 是指用于企业内部对成件货物进行码、牵引或推拉，以及短距离运输作业的各种车辆，其中还包括非铁路干线使用的各种轨道车辆和汽车等

D. 是指专门用于存放单元化物品或成件物品的保管设备

二、多项选择题

1. 叉车通常可以分为(　　)。

A. 内燃叉车　　　　　B. 电动叉车　　　　　C. 仓储叉车　　　　　D. 集装箱叉车

2. 内燃叉车可以分为(　　)。

A. 普通内燃叉车　　　B. 重型叉车　　　　　C. 集装箱叉车　　　　D. 侧面叉车

3. 下列对人力搬运车描述正确的是(　　)。

A. 是一种以人力为主，在路面上从事水平运输的搬运车

B. 这是最古老，但至今仍是应用最广泛的搬运设备之一

C. 它具有轻巧灵活、易操作、回转半径小、价格低等优点，广泛使用于车间、仓库、站台、货场等处

D. 是短距轻小物品的一种方便而经济的搬运工具

4. 仓储货架分为(　　)。

A. 轻型仓储货架　　　B. 中型仓储货架　　C. 重型仓储货架　　　D. 阁楼货架

5. 集装器具主要有(　　)。

A. 托盘　　　　　　　B. 仓库　　　　　　　C. 集装箱　　　　　　D. 其他集装器具

三、问答题

1. 装卸搬运技术装备的主要作用有哪些？

2. 物流技术及其装备在物流系统中的地位和作用主要表现在哪些方面？

3. 简述防震包装技术与装备。

4. 简述集装单元化的特点。

四、案例分析

鲜肉气调包装的市场前景

气调包装在某些产品上的应用已经比较成熟了，如小食品包装、咖啡包装、加工肉制品等。现在为了满足消费者对方便性、质量、多样性和健康的需求，这种包装也越来越多地应用在冷藏的、预处理的方便食品上，尤其是新鲜切片的农产品、特制干酪和预包装的三明制这些产品的包装大量采用气调包装技术。

目前，我国消费者大都已习惯于没有包装或只有简单包装的鲜肉。消费者购买鲜肉后一般都很快食用，或放入冰箱的冷冻贮藏室。在常温下细菌生长非常快，例如：16℃下细菌 1 天繁殖 15 倍，21℃时繁殖 700 倍，27℃时繁殖 3000 倍，在 4℃冷藏时则一天繁殖 2 倍，因而对鲜肉进行包装销售已是一个势在必行的发展趋势。随着冷却肉日益成为肉类消费的主流，在国内外市场上占有越来越大的份额，把气调包装应用于冷却肉的保鲜，可使冷却肉的货架期大大延长，因而具有很大的市场潜力。

我国对气调包装保鲜肉的研究始于 20 世纪 80 年代后期，但在生产和商业中的应用仅是近几年的事。近几年，随着国外先进的连续式真空/充气包装机的引进，才使气调包装保鲜肉的生产成为可能。

美国的超级市场和食品店中十分流行方便的半成品和可直接食用的新鲜食品、面食和色拉，现在多半都用气调包装。气调包装正在影响肉类、干酪、鱼、禽肉和其他新鲜和预制食品的包装以及这些食品在全球市场的销售。

(资料来源：http://www.21food.cn/html/news/12/712389.htm)

分析：

除了禽肉商品以外，在超市中你发现哪些商品是采用真空收缩包装的？为什么它们需要采用这种包装技术？

项 目 实 训

【实训项目：棉花物流的装卸搬运】

棉花是棉纺织加工企业的主要原料，占总生产成本的 70%以上。而我国纺织业的高成本中，其中一项就是物流成本。我国棉花装卸搬运作业水平、机械化、自动化程度很低，不规范的装卸搬运造成包装破损率较高。

【实训目的】

熟悉物流技术与装备。

【实训内容】

(1) 安排学生根据所学内容，3～5位同学自行分组；

(2) 结合所学知识，各组同学分组讨论如何降低棉花物流的破损率，并列举所需的物流技术与装备；

(3) 撰写实训报告，由教师根据其给出相应的分数。

【实训要求】

训练项目	训练要求	备　注
掌握物流技术知识	通过对降低棉花物流破损率的讨论，使学生对物流技术的基础知识与作用有深刻的认识	考查学生对物流技术基础知识的掌握
掌握物流装备知识	通过对棉花物流所需装备的实训，使学生对物流装备的种类与作用有更深刻的认识	考查学生对物流装备基础知识的掌握

第六章　第三方物流与第四方物流

【学习目的与要求】

- 掌握第三方物流概念和特征；
- 了解我国第三方物流的发展现状及趋势；
- 理解第四方物流产生的背景与概念。
- 掌握第四方物流的运作模式；
- 掌握第三方与第四方物流的不同表现方面。

【引导案例】

冠生园集团第三方物流案例

冠生园集团是国内唯一一家拥有"冠生园""大白兔"两个驰名商标的老字号食品集团。

市场需求增加，冠生园集团生产的食品总计达到了 2000 多个品种，其中糖果销售近 4 亿元。市场需求增大了，但运输配送跟不上。冠生园集团拥有的货运车辆近 100 辆，要承担上海市 3000 多家大小超市和门店的配送，还有北京、太原、深圳等地的运输。由于长期计划经济体制造成运输配送效率低下，出现淡季运力空放、旺季忙不过来的现象，加上车辆的维修更新，每年维持车队运行的成本费用要上百万元。为此集团专门召开了会议，研究如何改革运输体制，降低企业成本。

冠生园集团意识到物流管理工作的重要性，通过使用第三方物流，克服了自己搞运输配送带来的弊端，加快了产品流通速度，增强了企业的效益，使冠生园集团产品更多更快地进入了千家万户。

2002 年年初，冠生园集团下属合资企业达能饼干公司率先做出探索，将公司产品配送运输全部交给第三方物流。物流外包试下来，不仅配送准时准点，而且费用也节省了许多。达能公司把节约下来的资金投入到开发新品与改进包装上，使企业又上了一个新台阶。为此，冠生园集团销售部门专门组织各企业到达能公司去学习，决定在冠生园集团系统推广他们的做法。经过选择比较，冠生园集团委托上海虹鑫物流有限公司作为第三方物流机构。

虹鑫物流与冠生园签约后，通过集约化配送，极大地提高了效率。每天一早，他们在电脑上输入冠生园相关的配送数据，制定出货最佳搭配装车作业图，安排准时、合理的车流路线，绝不让车辆走回头路。货物不管多少，就是两三箱也进行配送。此外按照签约要求，遇到货物损坏，虹鑫物流按规定进行赔偿。一次，整整一车糖果在运往河北的途中翻入河中，司机掏出 5 万元，将掉入河中损耗的糖果全部"买下"作为赔偿。

据统计，冠生园集团自 2003 年 8 月起委托第三方物流以来，产品的流通速度大大加快。原来铁路运输发往北京的货途中需 7 天时间，现在虹鑫物流运输只需 2～3 天，而且实行的是门对门的配送服务，5 个月时间就节约了 40 万元的费用，销售额和利润都有了较大增长。

由于第三方物流配送及时周到、保质保量，商品的流通速度加快，使冠生园集团的销售额有了较大增长。此外，更重要的是能使企业的领导从非生产性的后道工序——包装、运输中解脱出来，集中精力抓好生产、开发新品、提高质量、改进包装。

第三方物流机构能为企业节约物流成本、提高物流效率，这已被越来越多的企业，特别是中小企业所认识。据悉，美国波士顿东北大学供应链管理系统调查，《财富 500 强》中的企业有六成半都使用了第三方物流服务。在欧洲，很多仓储和运输业务也都是由第三方物流来完成。

按照供应链的理论，当今企业之间的竞争实际上是供应链之间的竞争，企业之间的产品、规格，谁的成本低、流通速度快，谁就能更快赢得市场。因此，物流外包充分利用外部资源，也是当今增强企业核心竞争力的一个有效的举措。

冠生园集团就是通过把原来属于自己处理的物流活动，以合同的形式委托给专门物流企业，从而提高了本企业的核心竞争力。

（信息来源：锦程物流网，http://www.jc56.com/）

分析：
什么是第三方物流？冠生园集团是如何通过第三方物流提升企业核心竞争力的？

一、第三方物流概述

(一)第三方物流的概念

所谓第三方物流(Third-party Logistics，简称 3PL 或 TPL)，在国外又称契约物流(Contract Logistics)，是 20 世纪 80 年代中期以来由欧美发达国家发展而来的。国家标准《物流术语》对第三方物流所下的定义是："由供方与需方以外的物流企业提供物流服务的业务模式。"

根据定义，第三方物流主要由以下两个要件构成。第一，主体要件，即在主体上是指"第三方"，表明第三方物流是独立的第三方企业，而不是依附于供方或需方等任何一方的非独立性经济组织。第二，行为要件，即在行为上是指"物流"，表明第三方物流从事的是现代物流活动，而不是传统意义上的运输、仓储等。

广义的第三方物流概念是相对于自营物流而言的。凡是由社会化的专业物流企业按照货主的要求，所从事的物流活动都可以包含在第三方物流范围内，至于第三方物流是从事的哪一个阶段的物流，物流服务的程度和服务水平，这与货主的要求有密切关系。

狭义的第三方物流主要是指能够提供现代化、系统的物流服务的第三方的物流活动。从某种意义上可以说，它是物流专业化的一种重要形式。

(二)第三方物流的特征

第三方物流具有以下几个方面的特征。

1.以现代信息技术为基础

用于支撑第三方物流发展的信息技术包括实现信息快速交换的 EDI 技术、实现资金快速支付的 EFT 技术，实现信息快速输入的条形码技术和实现网上交易的电子商务技术等，都是第三方物流出现的必要条件，这些条件一般包括了以下内容。

首先，信息技术实现了数据的快速、准确地传递，提高了仓储管理、运输、采购、订货、配送的自动化水平，使仓储、运输、流通加工实现一体化。

其次，企业可以更方便地使用信息技术与物流企业进行实时联系。

最后，物流管理专业软件的飞速发展使混杂在其他业务中的物流活动的成本能被精确计算出来，这使企业把原来在内部完成的物流作业转让给专业物流企业运作成为可能。

2. 提供个性化服务

传统的物流服务项目较为单一，多是提供公共性的常规化服务。从某种程度上讲，原来常规化的服务不要求物流企业提供个性化的服务，而第三方物流提供的是全方位的物流服务，每个用户所在行业和企业自身运作方式不同，用户对物流企业的要求也很不一样。一般用户会与第三方物流企业签订专门的合同时间较长，服务项目是针对某一用户设计的，极具个性化。

3. 以合同为导向提供一系列服务

第三方物流有别于传统的外包，外包只限于一项或数项独立的物流功能，例如，运输公司提供运输服务、仓储公司提供仓储服务等。第三方物流根据合同条款规定的要求提供的不是临时服务，而是多功能甚至全方位的物流服务。一般而言，第三方物流能提供仓储管理、运输管理、订单处理、产品回收、装卸搬运、物流信息系统等 30 种物流服务。

4．具有增值服务特性

除具有传统物流服务的一般特征外，第三方物流最明显的特征是通过一定的加工、包装、重组等，满足客户不同需求，进行增值服务，扩展了物流服务范围，给第三方物流企业带来更多利润。

5．具有联盟的动态性

第三方物流企业之间信息共享的程度越深，与单独从事物流活动相比所取得的效果就越好。第三方物流企业通过动态联盟可弥补单一第三方物流企业自身的缺陷，从而更好地为企业客户提供优质、综合、可靠的物流服务，保证企业客户物流体系的高效运作。

(三)第三方物流服务提供者的类型

1．按提供服务的种类划分

按提供服务的种类划分，可将第三方物流服务提供商分为以下几种。

1）　以资产为基础的物流服务提供商

以资产为基础的物流公司主要通过运用自己的资产来提供专业的物流服务，这些资产可以是车队和仓库。

2）　以管理为基础的物流服务提供商

以管理为基础的物流服务提供商一般不拥有资产，而是通过系统数据库和设计咨询等提供物流管理服务，他们经常以一个承包人的身份，负责部分或全部的客户相关业务。

3）　综合物流服务提供商

这种出售综合物流服务的公司拥有资产，一般是货车、仓库或两者都有。但是他们所提供的服务，并不以使用自己的资产为限。一旦需要，便可与其他提供者签订子合同提供相关的服务。

2．按所属的市场来划分

按所属的细分物流市场划分，可将物流服务商分为以下几种。

1）　操作性的公司

在操作性的细分市场当中，承运人通常以成本优势进行竞争，他们一般精于某项操作。

2）　多元化的公司

多元化公司开发出一系列相关又不具相互竞争性的服务。

3）　客户定制化的公司

客户定制化的公司面向一些有很高专业需求的客户，他们之间的竞争主要在于服务而不是费用。例如，Frans Maasg 公司不仅为客户的原材料的运入和产成品的运出安排运输，还提供最终产品装配的操作，并为客户做产品说明以及保养。

【同步阅读 6-1】

2003 年，跟宝供合作了 5 年的红牛饮料遇到了新问题。当时，红牛饮料公司虽然了解全国的销售情况，却对库存和市场终端的随时反应缺乏了解。于是红牛以宝供为第三方物流供应，将全国 29 个区域和仓库的全部物流业务全部外包给了宝供。宝供在仓储和物流基础上，为红牛量身定做了针对物流业务的订单管理系统，把红牛的订单流程整合，并负责红牛的所有物流环节。红牛工厂出货后，由宝供负责将货送到全国 20 个区域，仓库由宝供管理，根据红牛指令配送。目前宝供还在进一步整合供应商环节和宝供 ERP，以期进一步提高系统效能。

通过宝供订做的红牛物流系统与宝供自身系统的对接，红牛可以随时掌握各区域终端卖场对产品的反映，从而为企业的生产决策提供强有力的支持，有效地降低了库存成本，大大提升了红牛的市场反应速度和竞争力。

(资料来源：物流技术与应用 http://www.zgzzsl.com/)

二、我国第三方物流的发展现状及趋势

(一)我国第三方物流的发展现状

我国第三方物流市场的现状如下。

(1) 我国第三方物流市场潜力大、发展迅速，处于发展初期，而且呈地域性集中分布。

(2) 我国第三方物流供应商功能单一，增值服务薄弱。

(3) 整个第三方物流市场还相当分散，第三方物流企业规模小。

(4) 复杂的行业监管环境和政府的限制，也在很大程度上阻碍了他们的发展。

【同步阅读 6-2】

中海物流对国际性第三方物流的尝试和探索

中海物流 1998 年年初与 IBM 合作，为其提供全方位 JIT(Just in Time)配送服务，在全国 15 家保税区内开辟了从事第三方物流服务的先河。1999 年 3 月，与日本 MINOLTA 合作开展配送项目，该项目较之 IBM，其客户要求，运作流程更为复杂。通过与 IBM 与 MINOLTA 的合作，中海物流配送业务从无到有、从熟悉到熟练、从成长到成熟，逐步探索出一套横向合一的物流。

1. 商流、物流合一

(1) 纷繁复杂的商流网络。中海物流配送中心经过委托合同的形式为 IBM 和 MINOLTA 提供第三方物流服务：两者与各供应商根据料件的类别、型号和价值分别签署不同的贸易合同，而且同一供应商品之不同料件也有不同的条款，如 CIF 香港、EX Factory 等，由中海物流配送中心配送料件之所有权，一部分归工厂，一部分归供应商。中海物流配送中心根据上述贸易合同，分别与供应商签署不同的物流服务委托合同，从而确定服务委托方。IBM 和 MINOLTA 与供应商之间的商流通过中海物流配送中心的实物配送、信息传递来实现，中海物流配送中心与 IBM、MINOLTA 以及供应商之间的商流经过提供第三方物流服务来实现。

(2) 快捷通畅的物流渠道。IBM 供应商达 160 多家，遍布世界各地，中海物流除利用自己的硬件和软件设施以外，还通过与陆路运输公司及海运、空运货代建立稳定的合作伙伴关系，使正向物流和反向物流通畅无阻，世界各地物料在 24 小时内即可送达 IBM 工厂生产线上，保证其在零库存状态下正常生产，同时使不合格原料在规定时间内准确无误地送达各境内外指定地址点。正向物流即电子料件从发货地经中海物流配送中心到 IBM 生产线的物流活动，其运作程序是：IBM 采购中心根据市场的需求，向其供应商发出订单，各供应商发货并通知中海配送中心，中海物流配送中心依据交货指令完成运输、报关和检疫至验货入仓；IBM 工厂根据生产线上的需要，向中海物流配送中心发出提货单，中海物流配送中心经过拣选、配料装车、运输和报关即时送货至工厂。反向物流则是不合格原料从 IBM 工厂经中海物流配送中心到各供应商或 IBM 指定地点的物流活动。反向物流运作程序与正向物流类同，但物料流向相反。

(3) 高效及时的信息。"物流未动，信息先行"。为保证配送项目的顺利进行，中海物流公司领导自始至终重视物流信息系统的开发，经过逐步摸索，在总结客户需求的基础上，结合第三方物流的特点，开发出一套既能满足公司内业务发展的需要，又能面向市场的物流信息管理。该系统融进出仓、运输、报关、检疫、信息反馈和结算于一体，录入员录入原始数据后，系统即可完成其他连续操作，入仓时电脑自动设定货物堆入位置，同时工作人员可通过电脑跟踪库内货物堆放情况，以便及时调整货位，提高仓容利用率。通过 EDI 系统与海关联机操作，初步实现了报关的无纸化作业，利用 EDI 或 INTERNET，工厂及其各供应商可随时查看最新交易状况以及库存结构和数量。整套系统的投入使用，即节约了大量的人力、物力，又简化了工作程序，提高了工作效率。

(4) 准确无误的资金流向。中海物流处于买方和卖方中间，是买卖双方完成商流的结点，同时也扮演了一个结算中心的角色。每天作业完毕，依据物流状况和中海物流配送中心与 IBM、MINOLTA 以及供应商之间之服务委托合同，各种费用自动生成，并各流其向，准确无误。在内部财务管理方面，中海物流采用科学的物流成本效益核算办法，使物流成本和效益分推至各物流环节，通过系统的分析，对改善物流系统提出决策数据，不断分析，不断改善，致使物流系统和总体物流效益逐步趋向最优化。

2. 我国第三方物流企业运营模式

1）传统外包型物流运作模式

企业外包物流业务，不仅能够节约物流成本，同时可精简部门，集中资金设备于核心业务，提高企业竞争力。第三方物流企业各自以契约形式与客户形成长期合作关系，保证了自己稳定的业务量，避免了设备闲置。这种模式以生产商或经销商为中心，第三方物流企业几乎不需专门添置设备和业务训练，管理过程简单。整套订单由产销双方完成，第三方物流只完成承包服务，不介入企业的生产和销售计划。

2）战略联盟型物流运营模式

在这种运营模式下，第三方物流服务供应商之间就包括运输、仓储、信息服务等方面以契约形式结成战略联盟，内部信息共享，相互协作，形成第三方物流网络系统，以扩大物流配送服务的地理覆盖面，以及服务内容。联盟可包括多家同地和异地的各类运输企业、场站、仓储经营者，共同建立整合信息平台。

这种模式下，联盟成员是合作伙伴关系，实行独立核算，彼此间服务租用，因此很难协调彼此的利益，在彼此利益不一致的情况下，要实现资源更大范围的优化就存在一定的局限。

（资料来源：《中国西部现代物流研讨会论文集》2001 年）

(二)我国第三方物流的发展趋势

1. 第三方物流的供给主体将发生变化

1）转型国有企业将成为主要服务商

一方面，国有物流企业现在遇到的活力不足、条块分割等问题，是有历史和外部环境两方面原因的，一旦在市场经济日益规范时解决了这些阻碍，国有企业所拥有的资源和网络优势即将体现出来。从规模上看，民营企业难与国有企业相比，他们的取胜之道在于灵活性和先进性；而从世界范围观察，各行业领先的企业仍然是大规模、实力强劲的公司。我国的国有物流企业需要借鉴国外的经验，以并购重组的方式快速调整企业结构，尽早与市场接轨。

另一方面，我国目前有不少大型国有企业都在改造内部物流。这些公司走的是美、日一些大公司的老路，最终以剥离物流部门成立子公司为目的，美国的 USCO 公司就是这样诞生的。因此，这些潜在的物流企业也将在不久加入第三方物流供应商的队伍。

2)　跨国公司成为另一个市场主力

国际上著名的物流公司早已看好中国市场，采取合资或独资形式开展物流业务。日本的通运、伊腾忠、住友，荷兰的 TNT 和英国的英之杰等公司，已在上海、北京、广州、武汉等大中城市建立物流机构和货运网络。丹麦马士基、美国总统班轮等航运企业也正在实施其发展战略。这些企业通晓规范的物流运作，具备知名的品牌，且大多与大型跨国公司有业务联系，因此在进入我国市场前就有先天优势。而另一点不能忽视的是它们的雄厚实力，跨国公司抢占市场、夺取竞争地位的一个重要手段是并购当地同业企业，尤其是具有竞争力的企业。这样，跨国公司将很快成为我国第三方物流市场的主力军，而我国的物流企业面对如此严酷的竞争，会有很高的淘汰率。

3)　物流企业的同业联盟增加

我国物流企业中已经有同业联盟的萌芽，虽然现在还未有实质性的作为，但是将来可能成为一种与跨国公司抗衡的力量。我国的企业受到体制和部门的制约，还处于从事单一环节业务的阶段。要面对供应链全过程的竞争显然没有优势可言，但是通过各个行业和从事各环节业务的企业之间的联合，就可以实现物流供应链全过程的有机融合，形成一个强大的外势，通过多家企业的共同努力来抵御国外大型物流企业的入侵。

2. 第三方物流市场将走向规范化

我国政府和行业主管部门一直重视物流业的硬件建设，但没有及时关注软件建设。改革开放以来，我国交通运输基础设施建设取得了长足的进步，相关的物流基础设施的建设也得到了很大的发展。但是从整个物流业发展来看，条块分割、行业分治、重复管理的现象非常严重，特别是公路、铁路、航空、水运等运输方式的交叉点的协调和沟通不足。由于各项交通基础设施建设归属各不同的部门所有，而区域物流中心建设的投资却由地方政府负责，造成了条块分割，彼此未能很好协调。交通、铁路、水运以及民航部门虽然分别建设了一些主枢纽、主航道等物流设施，但在彼此交叉的地方却没有很好地解决问题，致使很多基础设施的效益没有得到较大程度的发挥。

市场规范化有赖于国家的重视，各相关部门之间的沟通和协调，同时也需要市场主体的积极努力。相信跨国公司的加入会给市场带来压力，从而清除一些不规范的行为，使第三方物流的发展更加合理。

3. 信息技术将成为物流企业的重要竞争力

我国的物流企业在信息技术的应用上差别很大，先进的企业应用专门开发的物流信息处理系统，落后的企业则根本没有任何软件或系统，全部依靠操作人员间的通信进行联系。这种差别在激烈的竞争环境中将造成明显的分野。作为服务性行业，物流企业要保有一个核心竞争力比制造业更难，因为服务行业中不存在专有技术或法律保障的其他独特性，唯一的方法就是使服务水平更高，提供竞争对手无法做到的服务。信息技术将是物流企业提高服务水平的重要手段之一。

三、第四方物流概述

(一)第四方物流产生的背景与概念

在第三方物流的运作过程中，由于一些物流企业自身的运作能力、专业素质、对客户需求的理解等方面的原因，以及物流客户在与第三方物流企业合作过程中表现出的对物流及其服务主体多一点控制的强烈愿望，所给予物流企业的规划设计空间的限制和在许多业务模式和管理方式上的约束，使第三方物流在实际运作中也存在诸多不尽如人意的地方。其主要表现是第三方物流在供应链管理中的地位提升很慢，在供应链管理中所体现出的作用与理想情况相比有较大差距，实际上这正是第三方物流生产服务中存在的问题。也正是这种情况下，美国著名管理咨询机构埃森哲公司在《战略供应链联盟》一书中最早提出了第四方物流的概念，强调第四方物流是一个供应链的集成商，其使命就是提供一整套供应链解决方案。

第四方物流的基本功能有以下三个方面。

(1) 供应链管理功能。即管理从货主(物流企业)到客户的供应全过程。

(2) 物流一体化功能。即负责管理物流企业之间在业务操作上的衔接与协调问题。

(3) 供应链再造功能。即根据货主(物流企业)在供应链战略上的要求，改变或调整战略战术，使其经常高效率地运作，保证其所提供的物流服务速度更快、质量更好、价格更低。

(二)第四方物流的运作模式

第四方物流的运作模式主要有以下几种。

1. 协同运作模式

所谓的协同运作模式是指第四方物流和第三方物流共同开发市场，由第四方物流为第三方物流提供其缺少的资源，如技术、供应链策略、项目管理等，制定供应链管理方案。

而具体物流业务的实施则在第四方物流指导下由第三方物流完成，以达到为客户服务的目的。它们之间一般采取商业合同或战略联盟的合作方式。

2. 方案集成商模式

在这种模式中，由第四方物流为客户提供整条供应链运作和管理的解决方案，并利用其成员的资源、能力和技术进行整合与管理，为客户提供全面、集成的供应链管理服务。在这种模式中，通常由第四方物流与客户成立合资或合伙公司，客户在公司中占主要份额，第四方物流作为一个联盟的领导者和枢纽，集成多个服务供应商的能力和客户的能力，重点为一个主要客户服务。这种运作模式一般在同一行业范围内采用，供应商与加工制造商等成员处于供应链上下游和相关业务范围内，彼此间专业熟悉，业务联系紧密，具有一定的依赖性。第四方物流以服务主要客户为龙头，带动其他成员企业发展。

3. 行业创新者模式

第四方物流为多个行业的客户提供运作和管理整个供应链的解决方案，以整合整个供应链的职能为重点，以各行业的特殊性为依据，领导整个行业供应链实现创新，给整个行业带来变革与最大化的利益。这种模式以第四方物流为主导，联合第三方物流及其他服务供应商，提供运输、仓储、配送等全方位的高端服务，为多个行业客户制定供应链解决方案，从而提高整个行业的效率。

第四方物流无论采取哪一种模式，都突破了单纯发展第三方物流的局限性，能做到真正的低成本、高效率运作，实现最大范围的资源整合。这是因为第三方物流缺乏跨越整个供应链运作以及真正整合供应链流程所需的战略专业技术，而第四方物流可以不受约束地将每一个领域的最佳物流提供商组合起来，为客户提供最佳物流服务，进而形成最优物流方案或供应链管理方案。

(三)第三方物流与第四方物流的区别

第三方物流与第四方物流的区别主要表现在以下几个方面。

1. 侧重点不同

第三方物流侧重于为企业客户提供策略性与操作性决策及具体的物流解决方案，而第四方物流侧重于为企业客户提供一种战略性决策，并通过共享信息各方面的技术对整个供应链进行整合，进而达到资源优化配置。

2. 服务功能不同

由于第三方物流自身存在的缺陷，虽然和企业客户之间是一种战略联盟关系，但二者之间难免会存在目标不一致等问题，甚至产生冲突，而第四方物流则可通过管理咨询及第三方物流能力的集成为企业客户提供一个全方位的供应链解决方案，并通过对整个供应链的整合获得更多的价值。所以，第四方物流在管理目标上与企业客户是一致的，能为企业客户带来更多的利益。

3. 合作目标不同

由于第三方物流缺乏系统性及整合应用技术的能力，企业客户不得不把物流业务外包给多个第三方物流提供商，这样会增加企业客户的运营成本和供应链的复杂性，使物流外包效率下降，所以企业客户与第三方物流之间是一对多的合作。而第四方物流可凭借充足的信息优势、整合应用技术的能力以及具有专门知识的人才，为企业客户提供所需的服务，企业客户与第四方物流之间是一对一的合作，在外包程度上更高。

4. 资产性质不同

第三方物流拥有固定资产和机械设备，更容易赢得客户信任。此外，第三方物流更有操作经验，更能判断方案的可行性。相对于第三方物流，第四方物流虽然没有固定资产和机械设备，却拥有专业知识和技能，能够提供最佳的供应链管理模式和物流方案。第四方物流最大的优越性在于它能够确保产品更快、更好、价格更低地送到需求者手中。由于角色和能力的双重优势，第四方物流比第三方物流拥有更多的技术与经验、更大的业务范围、更专业和便捷的服务产品。更重要的是，第四方物流能够提供满足客户需求的解决方案，为客户创造更多的价值。

第四方物流突破了单纯发展第三方物流的局限性，在最大范围内实现资源整合，为客户提供最佳的物流服务，进而形成最优的物流方案或供应链管理方案，为供应链中的每个环节创造价值。但目前国内第四方物流供应商的独立生存能力不强，如果能与第三方物流结盟，那么第四方物流的生存能力会有较大的提高，所以第四方物流的方案必须依靠第三方物流的实际运作来实现并得到验证，而第三方物流业迫切希望得到第四方物流在优化供应链流程与方案方面的指导。

本章知识结构图

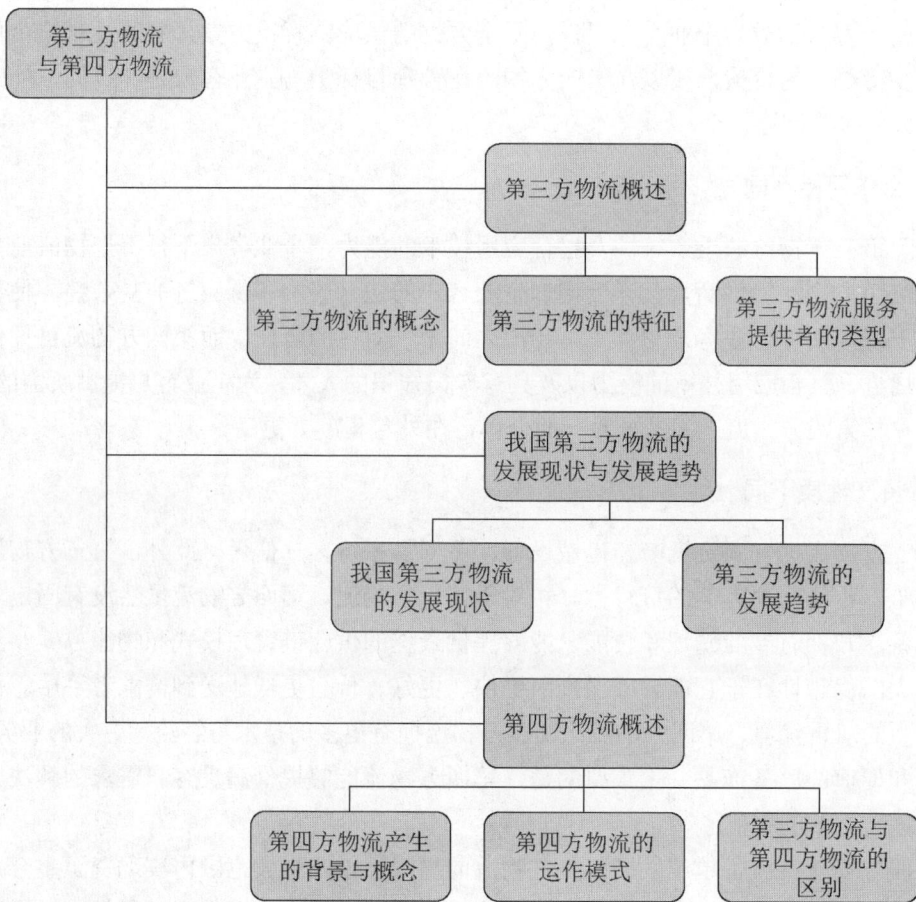

```
第三方物流
与第四方物流
  │
  ├──────────── 第三方物流概述
  │                  │
  │         ┌────────┼────────┐
  │    第三方物流的概念  第三方物流的特征  第三方物流服务
  │                              提供者的类型
  │
  ├──────────── 我国第三方物流的
  │             发展现状与发展趋势
  │                  │
  │            ┌─────┴─────┐
  │       我国第三方物流      第三方物流的
  │       的发展现状         发展趋势
  │
  └──────────── 第四方物流概述
                     │
               ┌─────┼─────┐
          第四方物流产生   第四方物流的    第三方物流与
          的背景与概念    运作模式      第四方物流的
                                   区别
```

扩 展 阅 读

　　第四方物流即 4PL，在我国是从 2002 年开始见诸报端的。当时，南方的一些物流公司、咨询公司甚至软件公司纷纷宣称自己的公司提供的是"第四方物流"服务，他们的公司就是从事"第四方物流"的公司，甚至北京中关村成立的一家物流公司，其公司全名竟然就直接叫作"第四方物流公司"。标榜没有车队、没有仓库，却从事物流服务就是第四方物流公司，好像正俨然成为一种时髦。这些现象表明，在国内，"第四方物流"正在被庸俗化。

第四方物流的概念，是 1998 年美国埃森哲咨询公司率先提出的。他们对"第四方物流"是这样定义的："第四方物流(4PL)供应商是一个供应链的集成商，它对公司内部和具有互补性的服务供应商所拥有的不同资源、能力和技术进行整合和管理，提供一套供应链解决方案"。第四方物流的主要作用是：对制造企业或分销企业的供应链进行监控，在客户和它的物流和信息供应商之间充当唯一的"联系人"的角色。

然而这个过程并非一帆风顺，第三方物流公司和第四方物流公司发生了激烈的争吵。以埃森哲公司为代表的 4PL 公司认为，4PL 有着 3PL 不能比拟的好处。首先是中立，他们认为，3PL 公司为了充分利用自己的资源，会存在私心，使客户不能尽量节省成本。而 4PL 公司因为没有这些资源，因此会站在一个绝对公正的立场上。其次，4PL 公司还认为 3PL 不具备流程重组的能力和缺乏持续改进的能力。我国国内对第四方物流的看法也有类似的。有一部分人认为，在当今物流链中，买卖货物双方分别为第一、第二方，物流公司被称为第三方，所以叫第三方物流。因此，所谓第四方物流显然是一个多余的角色。

但是，随着全球经济的发展，世界环境发生了三方面的变化：供应链的全球化、复杂化；由互联网兴起带来的透明化；市场需求个性化，即同步化，使传统的第三方物流已经不适应、满足不了这种需求。而 4PL 在此时的出现，显然带有某种应运而生的意味。

因此，从第一方物流到第四方物流，事实上是个概念延伸的过程，都是在提供物流服务。学术界一般用 3 个坐标值来进行衡量，即复杂性、信息技术和增值服务。而物流服务从一方、二方、三方发展到现在的四方，事实上就是对这三个坐标值的不断突破。将来也还能够对这四个坐标值进行突破，到时一定会出现 XPL。关键只是要看这种服务形式有无价值。因此，学术界普遍认为，4PL 出现的积极意义在于它指出了 3PL 的局限性，4PL 的出现是对现有第三方物流服务能力的一种挑战。

现在我国的企业仍然是以 1PL、2PL 为主的，连 3PL 的需求都不多。其表现，一是很多 3PL 的公司提供的是 2PL 的服务；二是潜在的需求也是以 2PL 为主的。不管怎样，4PL 概念的传播还是有价值的，至少能用 4PL 来促进 3PL 的发展。如果将来我国物流市场上出现了第四方物流的需求，使 4PL 市场变成现实，其运作模式无非是三种：一是合资，是以客户为核心将供应链外包；二是行业整合，是以行业为核心，提供公共服务平台，形成规模效应，特别是在最具有行业特点的，如化工行业，将率先出现；三是由 3PL 公司延伸出 4PL，是以 3PL 为核心来寻找同盟产生的。即使是在这样的情况下，也只有大型的 3PL 公司能够最先进入，如中邮、中远、中海等。因为他们具有很好的资源，有丰富的运营经验，有很好的客户基础，此外，在人才、技术、系统方面的投入也是最大的。因此，4PL 最有可能从这些 3PL 公司首先剥离出来。

(资料来源：林安物流网)

同 步 测 试

一、单项选择题

1. 在我国国家标准《物流术语》中将(　　)定义为"供方与需方以外的物流企业提供物流服务的业务模式"。

　　A. 物流服务　　　　　　　　　　B. 物流企业

　　C. 第三方物流　　　　　　　　　D. 客户服务

2. 在第三方物流的运作模式中,其中(　　)最大的缺陷是生产企业与销售企业以及与第三方物流之间缺少沟通的信息平台,容易造成生产的盲目、运力的浪费。

　　A. 传统外包型物流运作模式

　　B. 战略联盟型物流运作模式

　　C. 业务创新型运作模式

　　D. 综合物流运作模式

3. 第三方物流信息化的核心是(　　)。

　　A. 进行物流信息化的理念宣传

　　B. 物流企业与客户之间对信息化的沟通

　　C. 建立适合本企业的物流信息系统

　　D. 开展物流信息服务

4. (　　)可以利用其强大的物流网络帮助客户在速度上实现竞争优势。

　　A. 第一方物流　　　　　　　　　B. 第二方物流

　　C. 第三方物流　　　　　　　　　D. 第四方物流

5. 对于第三方物流商所服务企业来说,其替代威胁主要来自于(　　)

　　A. 其他第三方物流企业　　　　　B. 工商企业

　　C. 生产制造企业　　　　　　　　D. 第三方物流商所服务的企业

二、多项选择题

1. 第三方物流的特征表现为(　　)。

　　A. 以现代信息技术为基础　　　　B. 提供个性化服务

　　C. 以合同为导向提供服务　　　　D. 具有增值服务特性

　　E. 具有联盟动态性

2. 第三方物流的发展趋势有(　　)。

    A. 第三方物流的供给主体将发生变化　　　B. 第三方物流市场将走向规范化

    C. 信息技术将成为物流企业的重要竞争力　D. 综合物流发展

3. 第三方物流具有的优势包括(　　)。

    A. 有利于企业集中核心业务　　　　　　　B. 有利于企业提高效率

    C. 减少固定资产投资　　　　　　　　　　D. 提升企业形象

4. 第三方物流与第四方物流的不同，主要表现在(　　)。

    A. 侧重点不同　　　　　　　　　　　　　B. 服务功能不同

    C. 合作目标不同　　　　　　　　　　　　D. 资产性质不同

5. 第四方物流的利润增长将取决于(　　)。

    A. 服务质量的提高　　　　　　　　　　　B. 实用性的增加

    C. 物流成本的降低　　　　　　　　　　　D. 效率的提高

三、简答题

1. 第三方物流发展的推动力就是要为客户及自己创造利润，简要回答第三方物流的利益来源有哪些。

2. 什么是第三方物流？为什么会产生第三方物流？

3. 简述第四方物流的基本功能。

4. 简要回答供应链管理条件下的第三方物流管理包括的主要内容。

5. 简要回答第三方物流信息系统的基本特征。

四、案例分析题

    在麦当劳的物流中，质量永远是权重最大、被考虑最多的因素。麦当劳重视品质的精神，在每一家餐厅开业之前便可见一斑。餐厅选址完成之后，首要工作是在当地建立生产、供应、运输等一系列的网络系统，以确保餐厅得到高品质的原料供应。无论何种产品，只要进入麦当劳的采购和物流链，必须经过一系列严格的质量检查。麦当劳对土豆、面包和鸡块都有特殊的严格的要求。比如，在面包生产过程中，麦当劳要求供应商在每个环节加强管理。比如，装面粉的桶必须有盖子，而且要有颜色，不能是白色的，以免意外破损时碎屑混入面粉，而不易分辨；各工序间运输一律使用不锈钢筐，以防杂物碎片进入食品中。

    谈到麦当劳的物流，不能不说到夏晖公司，这家几乎是麦当劳"御用 3pl"(该公司客户还有必胜客、星巴克等)的物流公司，它们与麦当劳的合作，至今在很多人眼中还是一个谜。麦当劳没有把物流业务分包给不同的供应商，夏晖也从未"移情别恋"，这种独特的合作关系，不仅建立在忠诚的基础上，麦当劳之所以选择夏晖，在于后者为其提供了优质的服务。

而麦当劳对物流服务的要求是比较严格的。在食品供应中，除了基本的食品运输之外，麦当劳要求物流服务商提供其他服务，比如信息处理、存货控制、贴标签、生产和质量控制等诸多方面，这些"额外"的服务虽然成本比较高，但它使麦当劳在竞争中获得了优势。"如果你提供的物流服务仅仅是运输，运价是一吨4角，而我的价格是一吨5角，但我提供的物流服务当中包括了信息处理、贴标签等工作，麦当劳也会选择我做物流供应商的。"为麦当劳服务的一位物流经理说。

另外，麦当劳要求夏晖提供一条龙式物流服务，包括生产和质量控制在内。这样，夏晖设在台湾的面包厂中，就全部采用了统一的自动化生产线，制造区与熟食区加以区隔，厂区装设空调与天花板，以隔离落尘，易于清洁，应用严格的食品与作业安全标准。所有设备由美国SASIB专业设计，生产能力每小时24 000个面包。在专门设立的加工中心，物流服务商为麦当劳提供所需的切丝、切片生菜及混合蔬菜，拥有生产区域全程温度自动控制、连续式杀菌及水温自动控制功能的生产线，生产能力每小时1500kg。此外，夏晖还负责为麦当劳上游的蔬果供应商提供咨询服务。

麦当劳利用夏晖设立的物流中心，为其各个餐厅完成订货、储存、运输及分发等一系列工作，使得整个麦当劳系统得以正常运作，通过它的协调与连接，使每一个供应商与每一家餐厅达到畅通与和谐，为麦当劳餐厅的食品供应提供最佳的保证。目前，夏晖在北京、上海、广州都设立了食品分发中心，同时在沈阳、武汉、成都、厦门建立了卫星分发中心和配送站，与设在香港和台湾的分发中心一起，斥巨资建立起全国性的服务网络。

例如，为了满足麦当劳冷链物流的要求，夏晖公司在北京地区投资5500多万元人民币，建立了一个占地面积达12 000平方米、拥有世界领先的多温度食品分发物流中心，在该物流中心并配有先进的装卸、储存、冷藏设施，5～20吨多种温度控制运输车40余辆，中心还配有电脑调控设施用以控制所规定的温度，检查每一批进货的温度。

"物流中的浪费很多，不论是人的浪费、时间的浪费还是产品的浪费都很多。而我们是靠信息系统的管理来创造价值。"夏晖食品公司大中华区总裁白雪李很自豪地表示，夏晖的平均库存远远低于竞争对手，麦当劳物流产品的损耗率也仅有万分之一。

"全国真正能够在快餐食品达到冷链物流要求的只有麦当劳。"白雪李称，"国内不少公司很重视盖库买车，其实谁都可以买设备盖库。但谁能像我们这样有效率地计划一星期每家餐厅送几次货，怎么控制餐厅和分发中心的存货量，同时培养出很多具有管理思想的人呢？"与其合作多年的麦当劳中国发展公司北方区董事总经理赖林胜拥有同样的自信："我们麦当劳的物流过去是领先者，今天还是领导者，而且我们还在不断地学习和改进。"

赖林胜说，麦当劳全国终端复制的成功，与其说是各个麦当劳快餐店的成功，不如说是麦当劳对自己运营的商业环境复制的成功，而尤其重要的是其供应链的成功复制。离开供应链的支持，规模扩张只能是盲目的。

很让人感兴趣的是，麦当劳与夏晖长达30余年的合作，为何能形成如此紧密无间的"共生"关系？甚至两者间的合作竟然没有一纸合同？

"夏晖与麦当劳的合作没有签订合同，而且麦当劳与很多大供应商之间也没有合同。"的确有些难以置信！在投资建设北京配送中心时，调研投资项目的投资公司负责人向夏晖提出想看一下他们与麦当劳的合作合同。白雪李如实相告，令对方几乎不敢相信，不过仔细了解原因后，对方还是决定投资。

这种合作关系看起来不符合现代的商业理念，但却从麦当劳的创始人与夏晖及供应商的创始人开始一路传承下来。

"这种合作关系很古老，不像现代管理，但比现代管理还现代，形成超供应链的力量。"白雪李说，在夏晖的10年工作经历让自己充分感受到了麦当劳体系的力量。夏晖北方区营运总监林乐杰则认为，这种长期互信的关系使两者的合作支付了最低的信任成本。

多年来，麦当劳没有亏待他的合作伙伴，夏晖对麦当劳也始终忠心耿耿，白雪李说，有时长期不赚钱，夏晖也会毫不犹豫地投入。因为市场需要双方来共同培育，而且在其他市场上这点损失也会被补回来。有一年，麦当劳打算开发东南亚某国市场，夏晖很快跟进在该国投巨资建配送中心。结果天有不测风云，该国发生骚乱，夏晖巨大的投入打了水漂。最后夏晖这笔损失是由麦当劳给付的。

(资料来源：http://www.56885.net/news/201057/207692.html)

分析：

夏晖公司作为第三方物流公司的成功之处。

项目实训

【实训项目：调查并收集第三方物流公司】

【实训目的】

正确选择第三方物流企业。

【实训内容】

(1) 情景设定：某加工制造企业的运输及配送业务需要外包给某第三方物流公司。

(2) 分组调查并收集几家第三方物流企业的相关资料，并进行整理。

(3) 以小组为单位分析本组选定的第三方物流企业的物流网络、规模、信誉、业务能力等情况。

(4) 根据本组调研讨论情况给出针对该加工制造企业的物流运输及配送业务承包方案。

(5) 由教师评出最优方案。考核标准包括：小组合作情况，，即是否有团队合作意识，分工是否明确；是否有自己的想法及创新点；实训报告是否切合实际；撰写实训报告的条理清晰程度等。

【实训要求】

训练项目	训练要求	备　注
了解我国现有的第三方物流公司	学生自主调查我国现有的第三方物流公司，并从中选出一个适合做运输及配送业务的公司	可以提高学生自主调查及分析选取的能力
完成实训报告	学生根据自己选出的公司做具体的调查及分析，并讨论出承包方案，并形成实训报告	实训报告可以由教师给出模板，也可以由学生自己制作
培养学生的团队意识	以小组为单位收集资料及分析企业能力，期间可以锻炼学生的团队意识、沟通能力和合作精神	物流需要的不仅仅是专业素养，还有个人品质

第七章　物流标准化

【学习目的与要求】

- 掌握物流标准化的概念及特点;
- 掌握物流标准化的方法;
- 熟悉物流标准化的内容。

【引导案例】

上海百大配送有限公司的物流配送标准化管理的实践

上海百大配送有限公司是上市公司昆百大控股的云南百大投资有限公司在物流配送业投资的一个全国性的配送网络(以下简称上海百大配送),经过近几年的运作,已建成包括上海、北京、南京和昆明四城市四种商业模式的从事第三方物流末段服务的专业公司,获得了上海创股和北京联办等投资机构的注资,形成了自己的标准化业务和管理流程,实现了整体盈利,为今后的配送网络复制和扩张打下了基础,并开始与"阳光网达"等中游物流企业进行企业标准对接。

上海百大配送的标准化内容包括: 机构设置及管理制度、程度的标准化; 业务流程的标准化; 业务开发的标准化; 客户开发及维护的标准化; 数据库建设的标准化(包括数据采集、分析、提供等); 与供应商、银行、终端消费者接口的标准化; 属地公司及配送站建设的标准化等。

上海百大本着标准化管理经历了三个阶段的探索和实践。

第一阶段: 基于 ISO9002: 1994 标准建立并实施的标准化管理

为配合上海百大配送的战略发展需要,该公司在昆明和上海成立了专业的第三方物流配送公司,经过一年多的运作,积累了一定的经营和管理经验,并确立了在全国范围内成立同类的第三方物流配送公司,形成全国直投网络的战略目标。新公司的建立和运作需要有一套规范化、标准化的管理手册作指导,随着昆明和上海两公司物流配送业务量的增长,对运作及管理规范化、标准化的需求促使该公司实施标准化管理。

实施标准化管理的过程中,主要采取了以下措施: 按照 ISO9002: 1994 建立质量体系; 根据公司行政、财务管理需要,按照 ISO9002: 1994 的理念建立行政财务管理体系; 将质量管理体系与行政财务管理体系有机融合,形成一套完整的公司管理手册(以下称"管理手册 V1.0"); 在已成立的公司逐步实施"管理手册 V1.0",并以引导新公司的建立和运作。

上海百大配送所属的昆明公司在标准建立之初，即承担了配合设计并试验标准化管理体系及"管理手册V1.0"的任务，标准化管理体系的建立及实施，规范了公司的运作和管理，使公司的业务运作及行政财务进入有序状态，提升了公司的服务质量，增强了竞争力，使该公司成为昆明地区物流配送行业的明星企业。随后，公司在"管理手册V1.0"的指导下在南京、北京相继成立了第三方物流配送公司。

第二阶段：根据实际运作情况，总结并提炼不同类型物品的物流配送运作过程规范化的标准化管理。

上海百大配送在昆明、上海、南京四城市分别成立第三方物流末段配送公司，经过几年的运作，尽管四城市公司经营重点不同，但单一物品的物流配送业务流程已较成熟，而且同类物品的配送在不同地区、不同公司的业务流程与管理基本一致。在此基础上进行了标准化管理的升级。

上海百大配送综合所属四个物流企业的实际运作经验，总结不同物品、不同服务的业务流程，自下而上地收集各环节、各岗位操作指导，并按部门及功能块制定切实可行的管理制度及控制标准，形成了"管理手册V2.0"。

"管理手册V2.0"建立并实施后，公司内各部门及功能块控制点清晰，管理目标明确，各岗位人员严格按照操作指导及标准工作，减轻了中层管理人员的管理难度为公司提升业务量及增加新的配送服务奠定了基础。各地区公司在开展新业务时，依据"管理手册V2.0"已建立同类业务的业务流程、操作指导及管理控制标准实施业务的开发、运作及管理，大大加快了各公司业务的拓展。

第三阶段：对有共性的不同物品的物流配送过作过程一体化的标准化运作及管理的探索，并增加对客户、用户及合作者的接口标准化内容。

随着上海百大配送在四个城市的运作日趋成熟，各城市公司在物流配送实际运作中都不同程度地实现了不同物品、不同服务过程的资源共享及综合利用(注：资源包括人力、信息、基础设施、工作环境、供方、合作者、银行及财务资源等)。因此，上海百大配送总结公司在不同物品物流配送实际运作中的搭载经验，探索及总结公司关联单位、客户、用户及合作者的业务标准化接口，对实际运作经验进行分析，掌握搭载规律，制定运作及管理标准，在"管理手册V1.0"及"管理手册V2.0"基础上，随着业务种类、合作伙伴和合作方式的不断增加，采用 ISO9001: 2000 及 ISO9004: 2000 标准建立管理体系及标准，形成"管理手册V2.1"及后续同级版本。

上海百大配送的标准化管理体系如下。

1. "管理手册V1.0"体系概述

"管理手册V1.0"分为行政管理和质量保证两部分，适用于公司的行政财务管理及质量管理，公司所属地区公司、部门及加盟者均采用统一的管理标准。

手册选择了30多个管理体系要素，其中行政财务管理体系要素10个和质量管理体系要素20个，其中：行政财务管理体系要素包括：劳动人事管理、办公总务管理、公关管理、广告宣传管理、成本管理、经营企划管理、财务管理、会计管理、资产管理、管理过程控制；质量体系要素包括：管理职责，质量体系，合同评审，设计控制，文件和资料控制，采购，顾客提供产品的控制，产品标识和可追溯性，过程控制，搬运，储存、包装、防护和交付，质量记录，内部质量审核，服务，统计技术，检验和试验，检验、测试和试验设备，检验和试验状态，不合格的控制，纠正和预防措施。

2. "管理手册V2.0"体系概述

"管理手册V2.0"是一套行之有效的分功能块的第三方物流末段具体管理制度、业务流程及操作指导书的集合。

"管理手册V2.0"由六个管理分册组成，分别是：董事会管理手册、管理中心管理手册、行政人事管理手册、财务管理手册、业务开发管理手册、区片管理手册。

管理分册从以下几个对各功能块的规范化运作和管理提出了管理标准：结构、职能、工作内容及流程、操作指导书、管理制度及实施办法、岗位职责说明书。

"管理手册V2.0"的重点是根据配送业务流程的特点，对不同类型物品进行同构分类，然后设计搭载业务流程、操作指导及控制标准。

用"管理手册V2.0"进行标准化管理的一体化物流运作，其内容主要包括以下几个方面。

(1) 单一品种的物流服务：如送水、送广告等，单品种业务量增加，只增加单位变动成本，不增加固定成本。

(2) 接入方式相同的物流服务：如用户通过电话提出服务需求，可共用信息接入、调度及平台处理系统，提高设备利用率，降低单位固定成本，从而降低单位成本；

(3) 部分服务过程相同的物流服务，如路线相同的送水和送卡，可实行劳动力搭载方式，降低在物流企业成本中占比例最大的劳动力成本。

3. "管理手册V3.0"体系概述

建立与电子商务经销商、客户分拣中心、银行及下属分子公司的数据交互式平台的接口标准；设计数据分析模型，以公司数据库信息为基础，为商家提供消费者消费倾向变动分析；为商家提供客户忠诚度分析报告，以便于其锁定客户群和为其客户提供返点、返利及一对一个性化服务。

"管理手册V3.0"由管理手册、程序文件、管理制度、操作指导书、表格、记录、分类及控制标准等组成。

"管理手册V3.0"的重点是对物流搭载服务的分类、业务流程、操作、控制、评价等标准的探索和研究。

分工合作是现代物流的一大特征，我国物流业需要重新整合才能得到发展，而各方物流的参与者只有使用统一的标准和规范，才能将干线物流、配送中心、物流末段服务等不同环节有机整合成一体，使我国物流全程高效率运行，成为中国新的经济增长点。

(资料来源：http://www.xe56.net/article/107-269.html)

思考：

上海百大配送有限公司标准化内容有哪些？经历了哪些阶段？为什么要实践物流配送标准化管理？

一、物流标准化概述

(一)物流标准化的背景

当前随着信息技术、电子商务、电子数据交换以及供应链管理的发展，发达国家为了提高物流的运作效率和物流效益，纷纷积极建立现代物流系统并使系统标准化，尤其是在经济全球化和物流国际化的发展条件下，物流标准化越来越重要。物流产业的发展速度飞快，当前已经被视为国民经济发展的基础以及产业支柱，越来越受到政府部门、行业组织以及企业的重视。发展现代物流离不开标准化，如果没有物流标准化，物流设施的不规范、物流作业流程上的不统一以及物流信息的不一致性都必然会导致流通环节增加、流通速度减慢、流通的费用增加和货物流通和信息交通不畅，那么整个供应链过程都很难畅通。例如，物流信息如果在供应链各个节点之间缺乏沟通，各自节点的企业建立自己的商品信息数据库，信息的类型、格式、字段等都不统一，必然会形成一个封闭的信息系统，无法实现数据信息的顺利交换和共享。

标准化是指在一定范围之内，为了获得最佳的秩序以及社会效益，对活动或者活动结果规定共同的重复使用、经过协商一致并且经过公认机构批准的规则、导则或者特定的文件。标准化的内容，实际上就是经过优选之后的共同规则，为了推行这种共同规则，世界上大多数国家都有标准化组织，例如，英国的标准化协会(BSI)、我国的国家技术监督局等。在日内瓦的国际标准化组织(ISO)负责协调世界范围的标准化问题。

目前，标准化工作开展较普遍的领域是产品标准，这也是标准化的核心，围绕产品标准，工程标准、工作标准、环境标准、服务标准等也出现了发展的势头。

在国民经济的各个领域中凡是有多次重复使用和需要制定标准的具体产品，以及各种定额、规划、要求、方法、概念等，都可以成为标准化的对象，一般来讲，标准化对象可以分为两大类，一类是标准化的具体对象，也就是需要制定标准的具体事物；另一类是标准化的总体对象，也就是具体对象的总和所构成的整体，通过它可以研究各种具体对象的共同属性、本质和普遍规律。

近些年，我国国民经济与对外贸易的发展为我国物流标准化的发展提供了良好的机遇，国内的专业化物流公司(如昆山佳利货运有限公司)和商业企业配送中心渐成气候，一些大型制造企业也在物流配送方面有所动作。随着物流产业基础市场的发展，我国的物流标准化工作开始启动，并取得了一系列成绩。物流公司现已广泛使用的物流标准有托盘标准、集装箱标准、条码技术标准以及物流信息标准等。随着经济的发展，相信物流标准体系会逐渐得到完善。

(二)物流标准化的基本概念及具体含义

1. 物流标准化的基本概念

物流标准化是指以物流大系统作为对象，围绕系统内的运输、储存、装卸搬运、包装、流通加工、配送以及物流信息处理等物流活动，研究、制定、发布和实施有关技术和工作方面的标准，并按照技术标准和工作标准的配合性要求，统一整个物流系统的标准，进一步谋求物流大系统标准统一的过程。

2. 物流标准化的具体含义

物流标准化包括以下三个方面的含义。

(1) 从物流系统整体出发，制定物流系统各子系统的设施、设备、专用工具等的技术标准，以及业务工作标准。

(2) 研究各子系统技术标准和业务工作标准的配合性，按配合性要求，统一整个物流系统的标准。

(3) 研究物流系统与相关其他系统的配合性，通过制定、发布和实施标准谋求物流大系统的标准统一。

以上分别从不同的物流层次上考虑将物流实现标准化。要实现物流系统与其他相关系统的沟通和交流，在物流系统和其他系统之间建立通用的标准，首先要在物流系统内部建立物流系统自身的标准，而整个物流系统的标准的建立又必然包括物流各个子系统的标准。因此，物流要实现最终的标准化必然要实现以上三个方面的标准化。

(三)物流标准化的特点

物流标准化的特点主要有以下几方面。

1. 物流系统的标准化涉及面广

物流涉及面广，包含了从运输、仓储、装卸搬运、包装、流通加工、配送、信息处理等多方面的内容，因此要实现物流的标准化牵涉到很多方面的问题。物流标准的对象不像一般标准化系统那样单一，而是包括了机电、建筑、工具、工作方法等许多种类。虽然处于一个大系统中，但缺乏共性，从而造成标准种类繁多，标准内容复杂，也给标准的统一性及配合性带来很大困难。

2. 物流标准化系统属于二次系统

这是由于物流及物流管理思想诞生较晚，组成物流大系统的各个分系统，过去在没有归入物流系统之前，在不同国家、地区，不同行业之间已经有了存在多年的自身的经营标准，并且早已分别实现了本系统的标准化，并且经过多年的应用，不断发展和巩固，已很难改变。在推行物流标准化时，必须以此为依据，个别情况固然可将有关旧标准化体系推翻，按物流系统所提出的要求重建新的标准化体系，但通常还是在各个分系统标准化基础上建立物流标准化系统。这就必然从适应及协调角度建立新的物流标准化系统，而不可能全部创新。因此，联结这些方面的物流，等于要将这些标准统一起来，难度非常大。

3. 物流标准化要求体现出科学性、民主性和经济性

科学性、民主性和经济性，是标准的"三性"，由于物流标准化的特殊性，必须非常突出地体现出来，才能搞好物流的标准化。科学性要求物流标准化要体现现代科技成果。以科学试验为基础，在物流中，还要求标准化与物流的现代化(包括现代技术及管理)相适应，要求能将现代科技成果实现到物流的大系统之中。否则，尽管各种具体的硬技术标准化水平要求颇高，十分先进，但如果不能与系统协调，单项技术再高也是无用的，甚至还会起相反作用。所以，这种科学性不但反映物流本身的科学技术水平，还表现在协调与之相适应的能力方面，使综合的科技水平达到最佳的效果。

民主性指标准的制订，采用协商一致的办法，广泛参考各种现实条件，广泛听取意见和建议，而不能过分偏重某一个国家，使标准更具权威、减少阻力，易于贯彻执行。物流标准化由于涉及面十分广泛，要想达到协调和适应，必须民主决定问题，不过分偏向某方面意见，使各分系统都能采纳接受。

经济性是标准化主要目的之一，也是标准化生命力的决定性因素，物流过程不像深加

工那样引起产品的大幅度增值，即使通过流通加工等方式，增值幅度也是有限的。所以，物流费用多开支一分，就要影响到一分的效益，但是，物流过程又必须大量投入消耗，如不注重标准化的经济性，片面强调现代科学水平，片面顺从物流习惯及现状，引起物流成本的大幅度增加，自然会使标准化失去意义。

4. 物流标准化具有非常强的国际性

由于经济全球化的趋势影响，世界经济一体化的到来，地球变为地球村，物流涉及的必然是整个国际的流通。各国的国际交往日益增加，所有的国际贸易最终依托国际物流来完成，所以各个国家都很重视本国物流与国际物流的对接，在本国物流管理发展初期就力求使本国物流标准与国际物流标准化体系一致，否则，不但会加大国际交往的技术难度，还会在本来就很高的关税及运费基础上又增加了因标准化系统不统一所造成的效益损失，使外贸成本增加。因此，物流标准化的国际性也是其不同于一般产品标准的重要特点，实现物流的标准化，最终目标是要实现国家物流的标准化。

5. 物流标准化贯彻安全与保险的原则

物流安全问题也是近些年来非常突出的问题，通常一个安全事故会将会引起一个公司损失殆尽，几十万吨的超级油轮、货轮遭受灭顶损失的事例并不少见。当然，除了经济方面的损失外，人身伤害也是物流中经常出现的，如交通事故的伤害，物品对人的碰、撞伤害，危险品的爆炸、腐蚀、毒害的伤害等。所以，物流标准化的另一个特点是在物流标准中对物流安全性、可靠性的规定，这一规定需要统一的技术标准和工作标准。

物流保险的规定也是与安全性、可靠性标准有关的标准化内容。在物流中，尤其在国际物流中，都有世界公认的保险险别与保险条款，如《海商法》、国际公约和规则中的《海牙规则》和《汉堡规则》《对外贸易法》《海关法》等。虽然许多规定并不是以标准化形式出现的，而是以立法形式出现的，但是其共同约定、共同遵循的性质，是通用的，是具有标准化内涵的，其中不少手续、申报、文件等都有具体的标准化规定，保险费用等的计算也受标准化规定的约束，因而物流保险的相关标准化工作，也是物流标准化的重要内容之一。

二、物流标准化的重要性及具体方法

(一)物流标准化的重要性

物流从 20 世纪 50 年代发展至今，在标准化方面却存在很大的困难和很多的问题。尽管物流标准化存在着许多困难，但物流标准化必然推动物流业的发展和世界经济的进步，因而意义重大。

只有实现了物流标准化，才能在国际经济一体化的条件下有效地实施物流系统的科学管理，加快物流系统建设，促进物流系统与国际系统和其他系统的衔接，有效地降低物流费用，提高物流系统的经济效益和社会效益。物流标准化的重要性具体体现在以下几个方面。

1. 物流标准化是实现物流管理现代化的重要手段和必要条件

物料从厂商的原料供应、产品生产，经市场流通到消费环节，再到回收再生，是一个综合的大系统。由于社会分工日益细化，物流系统的高度社会化显得更加重要。为了实现整个物流系统的高度协调统一，提高物流系统管理水平，必须在物流系统的各个环节制定标准，并严格贯彻执行。在我国，以往同一物品在生产领域和流通领域的名称和计算方法互不统一，严重影响了我国的物资流通，国家标准《全国工农业产品(商品、物资)分类与代码》的发布，使全国物品名称及其标识代码有了统一依据和标准，有利于建立全国性的经济联系，为物流系统的信息交换提供了便利条件。2001年出版发行《物流术语》一书，这是国内物流的第一个基础性的标准。

2. 物流标准化是物流产品的质量保证

物流活动的根本任务是将工厂生产的合格产品保质保量并及时地送到用户手中。物流标准化对运输、保管、配送、包装、装卸等各个子系统都制定了相应标准，形成了物流质量保证体系，只要严格执行这些标准，就能将合格的物品送到用户手中。

3. 物流标准化是降低物流成本、提高物流效益的有效措施

物流的高度标准化可以加快物流过程中运输、装卸的速度，降低保管费用，减少中间损失，提高工作效率，因而可获得直接或间接的物流效益，否则就会造成经济损失。我国铁路与公路在使用集装箱统一标准之前，运输转换时要"倒箱"，全国"倒箱"数量很高，为此损失巨大。

4. 物流标准化是我国物流企业进军国际物流市场的通行证

物流标准化已是全球物流企业提高国际竞争力的有力武器。我国物流企业在物流标准化方面仍十分落后，面临加入WTO带来的物流国际化挑战，实现物流标准的国际化已成为我国物流企业开展国际竞争的必备资格和条件。

5. 物流标准化是消除贸易壁垒、促进国际贸易发展的重要保障

在国际经济交往中，各国或地区标准不一是重要的技术贸易壁垒，严重影响国家进出口贸易的发展。因此，要使国际贸易更快发展，必须在运输、保管、配送、包装、装卸、信息，甚至资金结算等方面采用国际标准，实现国际物流标准统一化。

(二)物流标准化的具体方法

从全球范围来看，物流体系的标准化在各个国家都还处在初始的阶段，实现标准化的关键在于通过制定标准规格尺寸来实现全球物流系统的一致贯通，取得提高物流效率的初步发展。物流标准化方法如下。

1. 确定物流的基础模数尺寸

基础模数尺寸是指标标准化的共同单位尺寸，或系统各标准尺寸的最小公约尺寸。物流基础模数尺寸的作用和建筑模数尺寸的作用大体相同。在基础模数尺寸一旦确定之后，各个具体的尺寸标准，如设备的制造、设施的建设、物流系统中各环节的配合协调、物流系统与其他系统的配合就有所依据，都要以基础模数尺寸为依据，选取其整数倍数为规定的尺寸标准。由于基础模数尺寸的确定，只需在倍数系列进行标准尺寸选择其他的尺寸标准，这就大大减少了尺寸的复杂性。物流基础模数尺寸的确定不但要考虑国内物流系统，而且要考虑到与国际物流系统的衔接，具有一定难度和复杂性。

目前 ISO 中央秘书处及欧洲各国基本认定 600×400mm 为基础模数尺寸。基础模数确定 600×400mm 为基础模数尺寸是由于物流标准化系统较之其他标准系统建立较晚，所以确定基础模数尺寸主要考虑了目前对物流系统影响最大而又最难改变的事物，即输送设备。采取"逆推法"，由输送设备的尺寸来推算最佳的基础模数。在确定基础模数尺寸时也考虑到了现在已通行的包装模数和已使用的集装设备，并从行为科学的角度研究了人以及社会的影响。从其与人的关系看，基础模数尺寸是适合人体操作的最高限尺寸。

2. 确定物流模数

物流模数即集装基础模数尺寸。物流标准化的基点应建立在集装的基础之上，还要确定集装的基础模数尺寸(即最小的集装尺寸)。集装基础模数尺寸是按 600×400mm 倍数系列推导出来，也可以在满足 600×400mm 的基础模数的前提下，从卡车或大型集装箱的分割系列推导出来。日本在确定物流模式尺寸时，就是采用的后一种方法，以卡车(早已大量生产并实现了标准化)的车厢宽度为物流模数确定的起点，推导出集装基础模数的尺寸出来。

3. 确定系列尺寸

物流模数是物流系统各环节的标准化的核心，也是形成系列化的基础。以物流模数作为依据进一步确定有关系列的大小及尺寸，再从中选择全部或部分，确定为定型的生产制造尺寸，完成某一个环节的标准系列。

三、物流标准化的内容

(一)物流基础模数尺寸

当前，国际物流模数尺寸的标准化正在研究以及制定当中，但与物流有关的许多设施、设备的技术标准化很多早已发布，并由专门的专业委员会负责制定新的国际标准。国际标准化组织英文缩写为 ISO,(已建立的与物流有关的技术委员会(TS)及技术处(TD)，)每个技术委员会或技术处都由 ISO 指定负责常务工作的秘书国。目前，ISO 对物流标准化的研究工作仍然还在进行中，物流标准化的内容很多，例如，物流用语的标准化、物流技术的标准化、物流作业的标准化、物流器具的标准化及物流数据传输的标准化，物流成本计算的标准化、物流标志、图示和识别的标准化等。对于物流标准化的重要模数尺寸已大体取得了一致意见或拟定出了初步方案。

物流标准的几个基础模数尺寸如下。

(1) 物流基础模数尺寸：600×400mm。

(2) 物流模数尺寸(集装基础模数尺寸)：1200×1000mm 为主，也允许 1200×800mm 及 1100×1100mm。

(3) 物流基础模数尺寸与集装箱基础模数尺寸的配合关系。

虽然上述模数尺寸尚未正式颁布实施，但是，目前来看已成定局，许多国家都以此为基准修改本国物流的有关标准，以和国际的发展趋势吻合。例如，英国、美国、加拿大、日本等国都已打算放弃国内原来使用的模数尺寸，而改用国际的模数尺寸。日本等一些国家在用 1200×1000mm 的模数尺寸系列的同时，还发展了 1100×1100mm 正方形的集装模数，已形成我国的物流模数系列。

(二)物流标准的内容

按照标准化工作应用的范围，物流标准可分为物流技术标准、物流工作标准和物流作业标准。

1. 物流技术标准

技术标准是指对标准化领域中需要协调统一的技术事项制定的标准。在物流系统中，技术标准主要是指物流基础标准和物流活动中采购、运输、装卸搬运、仓储、配送、流通加工以及包装等各方面的标准。

1) 物流基础标准

物流基础标准主要包括以下几个方面。

(1) 专业计量单位标准。

除了国家公布的统一计量标准之外，物流系统有许多专业的计量问题，必须在国家以及国际标准的基础之上，确定本身专门的标准。同时由于物流的国际性非常突出，专业计量标准不但需要考虑国际计量方式上的不统一，还要考虑国际上的习惯用法是否统一，不能完全以国家计量标准作为唯一依据的标准。

(2) 物流基础模数尺寸标准。

物流基础模数尺寸是指为使物流系统标准化而制定的标准规格尺寸。国际标准化组织中央秘书处和欧洲各国确定的物流基础模数尺寸为 600×400(mm)。确定这样的基础模数尺寸，主要考虑了现有物流系统中影响最大而又最难改变的输送设备，采用"逆推法"，由现有输送设备的尺寸推算的。也考虑了已通行的包装模数和已使用的集装设备，并从行为科学角度研究人和社会的影响，使基础模数尺寸适合于人体操作。基础模数尺寸一经确定，物流系统的设施建设、设备制造，物流系统中各环节的配合协调，物流系统与其他系统的配合，都要以基础模数尺寸为依据，选择其倍数为规定的标准尺寸。

(3) 物流建筑基础模数尺寸标准。

物流建筑基础模数尺寸是指物流系统中各种建筑物所使用的基础模数尺寸。它是以物流基础模数尺寸为依据而确定的，也可以选择共同的模数尺寸；该尺寸是设计物流建筑物长、宽、高尺寸，门窗尺寸，建筑物立柱间距、跨度及进深等尺寸的依据。

(4) 集装模数尺寸标准。

集装模数尺寸也称物流模数尺寸，是指在物流基础模数尺寸基础上，推导出的各种集装设备的基础尺寸，以此尺寸作为设计集装设备三项(长、宽、高)尺寸的依据。在物流系统中，集装起贯穿作用，集装尺寸必须与各环节物流设施、设备、机具相匹配。因此，整个物流系统设计时往往以集装模数尺寸为依据，决定各设计尺寸。集装模数尺寸是影响和决定物流系统标准化的关键。

(5) 物流专业术语标准。

为了使物流大系统配合及统一，尤其是在建立系统的情报信息网络后，要求信息传递的准确性，要求专业语言实现标准化。物流专业术语标准包括物流用语的统一化、定义的统一解释和专业术语的统一编码。

(6) 物流核算和统计中单据和票据的标准。

物流核算、统计的规范化是建立物流系统情报网、对物流系统进行统一管理的前提，也是对物流系统进行宏观控制与微观检测的必备条件。物流单据、票证的标准化，可以实现信息的录入和采集，将管理工作规范化和标准化，也是应用计算机和通信网络进行数据交换和传递的基础标准。具体来说，包括了确定共同的能反映系统及各环节状况的最少核算项目；确定可以用于系统进行分析并且可以供情报系统搜集储存的最少统一项目；制定核算、统计的具体方法，确定共同的核算、统计计量的单位；确定核算、统计的管理、发布以及储存规范等。

(7) 物流标示、图示、识别标准。

识别和区分物流中不断运动着的物品、工具和机具是十分重要的，对于物流中的对象来说，需要有易于识别和易于区分的标识，特别是用自动识别来代替人的肉眼识别的标识。

(8) 基础编码标准。

基础编码标准是对物流对象物编码，并且按物流过程的要求，转化成条形码，这是物流大系统能够实现衔接、配合的最基本的标准，也是采用信息技术对物流进行管理和组织、控制的技术标准。在这个标准之上，才可能实现电子信息传递、远程数据交换、统计、核算等物流活动。

2) 物流子系统的技术标准

物流子系统的技术标准包括以下几个方面。

(1) 运输车船标准。

运输的作用是将商品使用价值进行空间移动，物流系统依靠运输作业克服商品生产地和需要地点的空间距离，创造了商品的空间效益。运输车船标准的对象是物流系统中从事物品空间位移的各种运输设备，如货车、火车、货船、卡车、拖拉车和配送车辆等，包括了从各种设备的有效衔接等角度制定的车厢以及船舱的尺寸标准、载重能力标准、运输环境条件标准以及从物流系统与社会关系角度来制定的各种噪音等级、废弃物排放标准等。

(2) 作业车辆(指叉车、台车、手车等)标准。

作业车辆标准的对象是物流设施内部使用的各种作业车辆，如叉车、台车、手推车等，包括了车辆的尺寸、运行方式、作业范围、作业重量、作业速度等各方面的标准。

(3) 传输机具(如起重机、传送机、提升机等)标准。

传输机具标准包括水平以及垂直传输的各种机械式、气动式的起重机、提升机、传送带等机械设备在尺寸、传输能力等方面的标准。

(4)　仓库技术标准。

仓库技术标准包括了仓库尺寸、建筑面积、有效面积、通道比例、单位储存能力、总的吞吐能力、温湿度、照明等的技术标准。

(5)　站场技术标准。

站场技术标准包括了站台的高度、作业能力等的技术标准。

(6)　包装、托盘、集装箱标准。

包装、托盘、集装箱标准包括了包装、托盘、集装系列的尺寸标准、包装物的强度标准、重量标准、材质材料等标准。

(7)　货架、储罐标准。

货架、储罐标准包括货架净空间、承重能力、储罐空间容积尺寸标准。

(8)　信息标准。

信息标准包括物流 EDI/XML 电子报文标准、GPS 标准等。

2. 物流工作标准

工作标准是对企业标准化领域中需要协调统一的工作事项所制定的标准，是指一个训练有素的人员完成一定工作所需的时间，他完成这样的工作应该用预先设定好的方法，用其正常的努力程度和正常的技能(非超常发挥)，所以也称为时间标准。物流工作标准是对各项物流工作制定的统一要求及规范化规定，可划定各种岗位职责范围、权利义务、工作方法、检查监督方法、奖罚方法等。物流工作标准可使得全系统统一工作方式，大幅度提高办事的效率，同时防止客户的工作联系方式在工作以及作业中出现遗漏和差错，并有利于作业的监督和评估。

物流工作标准主要包括以下几个方面。

(1)　物流岗位职责以及权限的范围。

(2)　物流岗位交换程序以及工作执行的程序。

(3)　物流设施设备、建筑的检查验收规范。

(4)　货车、配送车辆运行的时间表、运行速度限制等。

(5)　司机顶岗时间、配送车辆的日配送次数或者日配送的数量。

(6)　吊钩、索具的使用和放置规定。

(7)　情报资料的收集、处理、使用和更新的规定。

(8)　异常情况的处理办法等。

3. 物流作业标准

物流作业的标准是指在物流作业活动过程中，物流设备的运行标准、作业程序、作业要求等的标准。物流作业标准是实现物流作业规范、效率以及保证物流作业质量的基础。

本章知识结构图

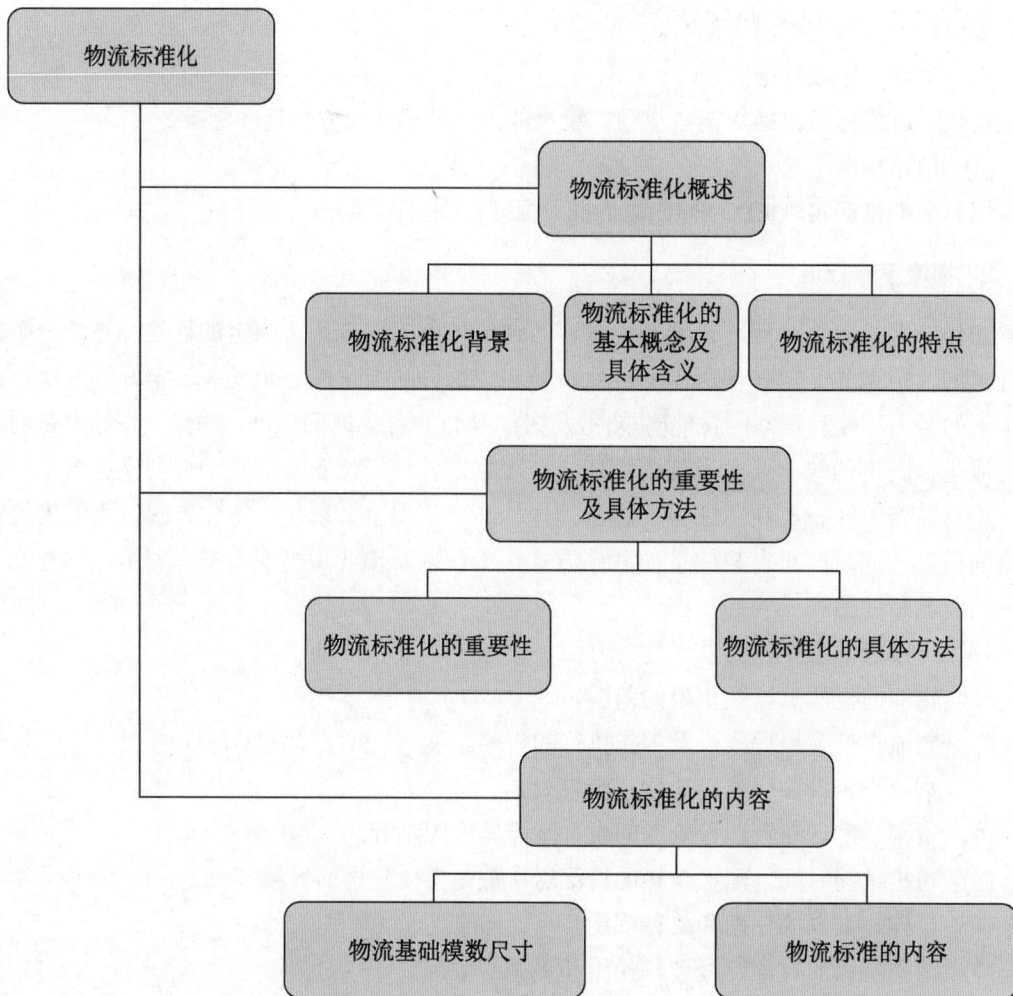

```
物流标准化
    │
    ├──────────── 物流标准化概述
    │                   │
    │        ┌──────────┼──────────┐
    │   物流标准化背景  物流标准化的    物流标准化的特点
    │                  基本概念及
    │                  具体含义
    │
    ├──────────── 物流标准化的重要性
    │                及具体方法
    │                   │
    │          ┌────────┴────────┐
    │    物流标准化的重要性      物流标准化的具体方法
    │
    └──────────── 物流标准化的内容
                        │
                ┌───────┴───────┐
          物流基础模数尺寸      物流标准的内容
```

扩展阅读

我国物流托盘标准化的意义

目前，我国随着经济实力的不断加强，我国正在加快建设公路、铁路、港口及机场等基础设施，并越来越重视物流。有了托盘，才可以将产品(或原材料)从生产线下来直接装载到托盘上形成集装单元，以集装单元形式进行存储、运输，送往物流中心(或再生产单位)，以集装单元的形式进行配送(或进入再生产过程)，从而中途不需要重复搬运，也减少了不必要的重复装卸和物品损坏。这种物品流通的全过程，可全部实现机械化作业，减小劳动强度，提高送达效率和服务质量。如果我们在生活中细心，我们可以发现我国大部门生产企业的单位的仓库堆放非常凌乱，自动化程度很低，如果采用托盘化运输，有利于仓库设备现代化，节约包装材料，降低商品的成本。物品可用立体货架来存放，提高空间利用率，比以往的平面布局，具有数倍的存贮效率；库存作业易于利用带式输送机，可以实现库存作业的自动化及标准化。

通过实行物流的托盘标准化减少了搬运装卸作业，减少了包装成本，降低了劳动力成本，加快了产品的流通速度，从而降低了生产成本，使得企业的产品更具有市场竞争力。据美国交通部的统计，2004年美国的物流成本结构指数为6.23，即美国物流在交通运输上每花6.23美元，只需要在装卸搬运上花1美元，可见托盘在物流领域的作用与贡献。也正是因为如此，托盘被称为20世纪物流领域两大关键性创新之一。标准化托盘的大量使用将有利于托盘集装单元化，有利于衔接货架、物流设备、运输车辆以及集装箱的尺寸，进而促进物流托盘化的发展、降低物流成本、提高物流效率。物流的托盘化，推进了行业技术的不断发展，使我国不断地完善托盘的标准。

托盘集装单元是现代物流系统中最基本的作业单元，也是物流系统合理化的基础。合理应用托盘，可以降低企业产品储运成本，提高物流运作效率以及物流服务水平，同时对于保护我国生态环境、节约自然资源也有着重大的意义。因此，我们必须从基础工作做起，逐步实现托盘的标准化、共用化和绿色化，这样才能尽快与国际物流接轨，从而实现整个物流的托盘化。我国物流托盘标准化，建立托盘公用系统等一系列举措可以降低我国物流的成本。

(资料来源：http://www.56products.com/News/2012-12-7/IH3J1B93BICFK1H459.html)

同 步 测 试

一、单项选择题

1. 标准化是指在一定范围之内，为了获得(　　)以及社会效益物品，对活动或者活动结果规定共同的重复使用、经过协商一致并且经过公认机构批准的规则、导则或者特定的文件。

    A. 最佳的秩序 　　　　B. 信息系统 　　　C. 经济发展 　　　D. 各子系统的规范

2. 物流标准化系统属于(　　)

    A. 一次系统 　　　　　B. 二次系统 　　　C. 三次系统 　　　D. 四次系统

3. 物流标准化要求体现出(　　)。

    A. 科学性、民主性和经济性 　　　　B. 发展性、民主性和经济性

    C. 科学性、发展性和经济性 　　　　D. 科学性、民主性和发展性

4. 目前 ISO 中央秘书处及欧洲各国基本认定(　　)为基础模数尺寸。

    A. 300×400mm 　　B. 600×600mm 　　C. 600×400mm 　　D. 600×1200mm

5. 物流模数尺寸(集装基础模数尺寸)以(　　)为主

    A. 1100×1000mm 　　　　　　　　　B. 1100×1100mm

    C. 1200×1200mm 　　　　　　　　　D. 1200×1000mm

二、多项选择题

1. 按照标准化工作应用的范围，物流标准可分为(　　)。

    A. 技术标准 　　　　　B. 工作标准 　　　C. 作业标准 　　　　D. 价值标准

2. 物流基础标准包括了(　　)。

    A. 专业计量单位标准 　　　　　　　B. 物流基础模数尺寸标准

    C. 物流建筑基础模数尺寸标准 　　　D. 集装模数尺寸标准

3. 物流子系统的技术标准包括了(　　)。

    A. 运输车船标准

    B. 传输机具(如起重机、传送机、提升机等)标准

    C. 仓库技术标准

    D. 包装、托盘、集装箱标准

4. 物流工作标准主要包括(　　)。

    A. 物流岗位职责以及权限的范围

  B. 物流设施设备、建筑的检查验收规范

  C. 吊钩、索具的使用和放置规定

  D. 司机顶岗时间、配送车辆的日配送次数或者日配送的数量；

5. 物流作业的标准是指在物流作业活动过程中，物流设备的(　　　)等的标准。

  A. 运行标准   B. 作业程序   C. 作业要求   D. 保养

三、简答题

1. 什么是物流标准化？其含义是什么？

2. 物流标准化有哪几方面的特点？

3. 物流标准的重要性体现在哪些方面？

4. 物流标准的方法有哪些？

5. 物流标准的内容有哪些？

四、案例分析题

会诊物流标准化症结——来自企业物流标准化实践的调查

  为了了解我国物流企业的标准应用情况、物流业务单证的应用以及对于信息交换标准的需求，分析和研究我国物流企业对于标准的实际需求动向，为已经申报立项标准的制定(如 XML 数据格式、物流运输基础数据元、运输与仓储数据交换规范等)，以及规划下一步的标准立项做好技术准备，交通物流工程技术研究中心从 5 月中旬开始，对中国标准化协会物流技术标准化工作组的 54 家物流企事业单位进行了一次企业物流标准化实践的问卷调查，并对数家有代表性的工作组成员进行了一些实地调研。

  下面是一些工作组成员结合单位自身情况，就物流标准化实践所发表的一些看法。

  1. 交通部公路科学研究所经济室：解决标准化问题不应局限于标准化体系建设本身

  据经济室的路成章高工介绍，在欧洲多国公路上运输的超大运输车，其外部尺寸都是相同的。在巴塞罗那港物流中心内，仓库外部与运输车相接的每个库门的外形尺寸都是相同的。可以说，物流发达国家的物流标准化已深入到物流的每一个细小环节。而在国内，运输工具装备的非标准化、运输管理方法的各行其是、运输环节的诸多不协调等等，已严重影响到了我国公路货运效率的提高，还造成了许多资源的浪费，同时也影响到了多式联运的发展。

  路先生认为，造成这种现状的原因并非单纯是我国交通运输业相关标准的缺乏和不健全，体制的原因、企业的原因也都是值得思考的关键因素。从体制来看，由于运输市场准入制度已被打破，现在已有越来越多的个体、合资企业进入货运市场，原有的省级、县级运输集团公司现在大多名存实亡。由于企业在规模大小、资金实力、货源保证上千差万别，从而造成无论是在货运工具设施的投资、使用上，还是运营手段、方式等，都各出各的招，结果很难在运输的诸多环节和商务运作中实现高度协同。

2. 中铁快运有限公司(CRE)：各行业物流标准有待整合和统一

据中铁快运副总经理陈京亮介绍，中铁快运作为现代物流企业，国内网络遍及全国包括香港在内的各大中城市，目前已形成连锁服务网络，实行"门到门""户到户"服务，同时通过铁海、铁空联运可办理与部分国家间的国际快件运输业务。

中铁快运的服务理念和定位，要求企业在快件货物的服务上，即从发送作业开始，经转运作业、干线运输作业、区域分拨作业，直到最后的到达作业，整个业务节点和流程过程中所产生的相关单证(如托运单、运单、交接单等)能够在信息标志上始终保持一致性，从而便于计算机信息系统的自动识别和处理，提高作业效率和管理效率。但现实中，由于一些有关运输信息标识、城市地理信息标志、邮政编码和货物条形码等的应用标准不太统一，致使企业在一些业务环节上衔接度和协调性较差，不仅使物流时间延长，还造成了一些无谓的浪费。

中铁快运在开发自己的物流信息系统时，就面临一个难题，即如何处理与海关、民航、商检等信息系统的接口标准问题。目前我国在这方面还没有形成各个系统统一的信息标准体系。陈总认为，当前，我国物流企业急需国家完善一些基础标准，并尽量实现各行业标准的协调统一。

3. 中储物流在线有限公司：物流标准化应明确归口管理

中储物流在线作为第三方物流企业，可以为广大用户提供社会化的现代物流组织、原料交易、企业直销等服务。不仅在自己的信息管理系统和业务运营中广泛应用了多项国家标准，而且还积极承担了4项国家标准。其中，《大宗商品电子交易规范》和《数码仓库应用系统规范》已经由国家质量监督检验检疫总局审查通过，并于2002年9月1日起在全国正式实施。另外两项标准《物流业仓储业务服务规范》《物资银行业务服务规范》也正处于编制、制订之中。

在物流标准的应用与研制方面，他们感到目前我国的标准化建设还存在诸多障碍。例如，物流标准的归口管理问题。尽管从国家标准的最终归口上看是国家质量监督检验总局，但各部门或行业仍然从本部门或行业的角度出发进行物流标准化建设，造成目前虽然已经发布了大量的行业标准，但却缺乏一些需要统一规范、协调的国家标准。还有就是物流标准的应用推广很不理想，这里面既有体制上的因素，也有我国整个物流市场的培育还不成熟的问题。

4. 中邮物流责任有限公司：物流标准化宣传贯彻还要走很长的路

中邮物流有限公司作为中国邮政大举进军现代物流业的旗舰，已在圈内动作频频，先后将戴尔、雅芳、科健股份、联想移动、熊猫移动、修正药业等揽为自己的客户。为了向客户提供独具特色的标准化物流服务，目前中邮在业务中用的大多是企业自有的物流标准，主要包括邮政物流业务单式、标签、袋牌、邮袋和其他容器标准，邮政物流集散中心设备配置标准和邮政物流信息系统业务需求规范等。

中邮物流公司业务总监田学军认为，中邮作为刚刚起步的企业，可以从一开始就从企业的业务流程设计、信息系统功能模块设计与数据信息交换格式、业务单式和条码应用等方面进行严格的规范和标准化管理，尽量采用已有的国家标准。

在物流标准的需求方面，中邮希望通过实现邮政物流的运输、仓储、配送作业流程，邮政物流项目管理流程和邮政物流信息系统技术等的标准化，实现物流过程的可视化和物流管理的智能化。

在物流标准的宣传贯彻方面，中邮希望能成为物流技术标准应用的先头军和带头人，但同时，中邮也认识到，我国物流标准的宣传贯彻还有很长的路要走。

5. 北京东方通科技公司：要探索标准制订与宣贯的新模式

作为国内中间件供应商的东方通科技公司在物流标准的制订与宣贯模式上，给我们提出了很好的思路。

首先是要积极探索开放的、新的标准制定组织与过程模式。标准承担单位要欢迎各类企业及技术厂商履行规定的手续和承诺工作责任后就可参与标准的制定，有意识地组织技术厂商的参与。

其次是在制定物流相关的业务与技术标准时，例如在标准数据及标准过程方面，要强调行业的一致性和集中管理下的扩充；在相关技术的应用方面，则要保持适度。既要明确采用关键、基础和共性的技术(如ＸＭＬ)，以保证先进性和集成能力，同时也要保持标准与实现技术细节的适当分离，从而保证标准的稳定性，同时给本土及国外厂商以充分的发展余地。

最后，在制定物流的标准数据及过程的同时，可以由标准主要承担单位有步骤地组织开发或认证一些参考系统或参考案例，编撰并发布有关的信息，以此推动国内物流标准技术的广泛应用。

(资料来源：http://www.chinacpx.com/ZIXUN/59604.html)

项目实训

【实训项目：调查物流标准化的应用情况】

【实训目的】

通过调查物流标准化的应用情况，使学生加深了解物流标准化的内容和方法，培养学生调查访问和信息采集的能力，提高学生分析和解决问题的能力。

【实训内容】

(1) 设计有关物流标准化的问卷调查表；

(2) 组织物流标准化应用调查；

(3) 试分析我国物流标准存在的问题，并给出解决方案。

【实训要求】

训练项目	训练要求	备 注
物流标准化问卷调查表的设计	通过设计调查问卷使学生对物流客标准化有深刻的认识，并要求设计合理	考查学生对物流标准化基础知识的掌握能力及问卷调查表的设计能力
掌握物流标准化的内容和方法	通过对问卷调查表的调查结果的整理，使学生对物流标准化内容和方法有更深刻的认识	培养学生的主动思考能力
培养学生的分析能力和团队意识	问卷的设计可以参考网络搜集的材料，对学生的搜集整理分析能力有一定的锻炼，同时问卷设计和分析报告都以团队为单位进行，对学生的团队意识有一定的锻炼	良好的分析问题解决问题能力是每一个物流人应具备的素质，同时合作精神的和团队精神也不可或缺

第八章　供应链管理概述

【学习目的与要求】

● 熟悉供应链的概念与特征;

● 掌握供应链管理的概念与发展;

● 掌握供应链管理的基本特征;

● 掌握供应链管理的主要内容。

【引导案例】

上海通用汽车公司的供应链管理

上海通用汽车有限公司(SGM)是由美国通用汽车公司和上海汽车工业总公司联合投资建立，是迄今为止最大的中美合资企业。作为世界上最大的汽车制造商，美国通用汽车公司拥有世界上最先进的弹性生产线，能够在一条流水线上同时生产不同型号、不同颜色的车辆，每小时可生产27辆汽车。在如此强大的生产力支持下，SGM在国内首创订单生产模式，紧密根据市场需求控制产量。同时，SGM的生产用料供应采用标准的JIT(Just In Time)运作模式，由国际著名的RYDER物流咨询公司为其设计实行零库存管理，即所有汽车零配件(CKD)的库存存在于运输途中，不占用大型仓库，而仅在生产线旁设立RDC(再配送中心)，这就要求采购、包装、海运、进口报关、检疫、陆路运输、拉动计划等一系列操作之间的衔接必须十分紧密。

中国远洋运输(集团)公司(COSCO)承担了该公司全部进口CKD的运输任务，负责从加拿大的起运地到上海交货地的全程门到门运输，以及进口CKD的一关三检、码头提箱和内陆运输。

上海通用汽车公司在物流供应链方面的进一步要求包括以下两个方面。

(1) 缩短备货周期，降低库存。SGM物流供应链安全运作的前提建立在市场计划周期大于运输周期的基础上，只有这样，CKD运输量才能根据实际生产需要决定。而目前CKD的运输周期是3个月，而计划市场周期为1周，所以只能通过扩大CKD的储备量来保证生产的连续性周期，造成库存费用很高。COSCO的木箱配送服务虽然为其缓解了很大的仓储压力，但并非长久之计，还要通过各种办法改进订货方式、改进包装等缩短备货周期，真正实现零库存。

(2) 改进信息服务，即提供和协助SGM收集、整理、分析有关的运作信息，以改善其供应链的表现。因为 SGM 的整车配送、进口 CKD 和其他零配件的供应，分别由 ACS、上海中货、大通及其他供应商自行组织有关的运输，各服务提供商之间的信息无法有效地沟通。如通过整车配送，以协助 SGM 的销售部门改善营销预测的准确性和提前量，根据改善的预测信息来确定随后的生产和原料采购(进口)计划，可使每批进口 CKD 的品种构成更为合理化，从而可相应减少在途和上海 RDC 中不必要的库存积压。

(资料来源: 豆瓣网)

思考:
上海通用汽车公司是如何进行供应链管理的。

一、供应链概述

(一)供应链的概念

我国《物流术语》国家标准对供应链的定义为"生产与流通过程中所涉及将产品或服务提供给最终用户的上游与下游企业所形成的网链结构"。

供应链的概念是从扩大生产概念发展来的，它将企业的生产活动进行了前伸和后延。日本丰田公司的精益协作方式中就将供应商的活动视为生产活动的有机组成部分而加以控制和协调。哈理森(Harrison)将供应链定义为:"供应链是执行采购原材料，将它们转换为中间产品和成品，并且将成品销售到用户的功能网链。"美国的史蒂文斯(Stevens)认为:"通过增值过程和分销渠道控制从供应商到用户的流就是供应链，它开始于供应的源点，结束于消费的终点。"因此，供应链就是通过计划(Plan)、获得(Obtain)、存储(Store)、分销(Distribute)、服务(Serve)等这样一些活动而在顾客和供应商之间形成的一种衔接(Interface)，从而使企业能满足内外部顾客的需求。

(二)供应链的特征

供应链具有以下几个方面的特征。

(1) 复杂性。因为供应链节点企业组成的跨度(层次)不同，供应链往往由多个、多类型甚至多国企业构成，所以供应链结构模式比一般单个企业的结构模式更为复杂。

(2) 动态性。供应链管理因企业战略和适应市场需求变化的需要，其中节点企业需要动态地更新，这就使得供应链具有明显的动态性。

(3) 面向用户需求。供应链的形成、存在、重构，都是基于一定的市场需求而发生，并且在供应链的运作过程中，用户的需求拉动是供应链中信息流、产品/服务流、资金流运作的驱动源。

(4) 交叉性。节点企业可以是这个供应链的成员，同时又是另一个供应链的成员，众多的供应链形成交叉结构，增加了协调管理的难度。

(三)供应链的结构模型

根据供应链的定义，其结构可以归纳为如图 8-1 所示的模型。

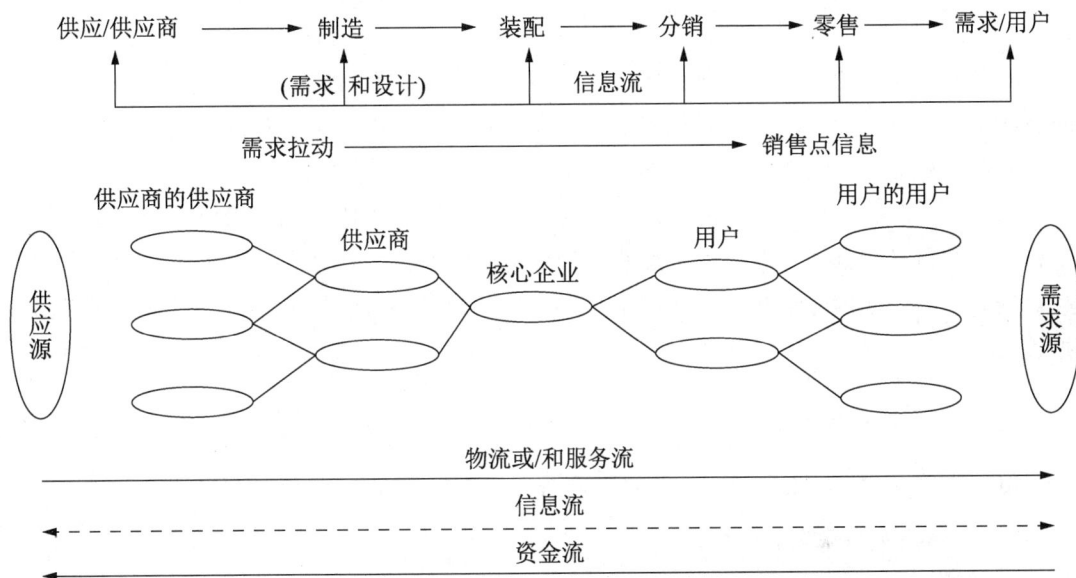

图 8-1　供应链的网链结构模型

从图 8-1 中可以看出，供应链由所有加盟的节点企业组成，其中一般有一个核心企业(可以是产品制造企业，也可以是大型零售企业，如美国的沃尔玛特)，节点企业在需求信息的驱动下，通过供应链的职能分工与合作(生产、分销、零售等)，以资金流、物流和服务流为媒介实现整个供应链的不断增值。

(四)供应链的发展阶段

1. 物流管理阶段

早期的观点认为供应链是指将采购的原材料和收到的零部件，通过生产转换和销售等活动传递到用户的一个过程。因此，供应链仅仅被视为企业内部的一个物流过程，它所涉及的主要是物料采购、库存、生产和分销诸部门的职能协调问题，最终目的是为了优化企业内部的业务流程、降低物流成本，从而提高经营效率。

2. 价值增值阶段

进入 20 世纪 90 年代，人们对供应链的理解又发生了新的变化。首先，由于需求环境的变化，原来被排斥在供应链之外的最终用户、消费者的地位得到了前所未有的重视，从而被纳入了供应链的范围。这样，供应链就不再只是一条生产链了，而是一个涵盖了整个产品运动过程的增值链。

3. 网链阶段

随着信息技术的发展和产业不确定性的增加，今天的企业间关系正在呈现日益明显的网络化趋势。与此同时，人们对供应链的认识也正在从线性的单链转向非线性的网链，供应链的概念更加注重围绕核心企业的网链关系，即核心企业与供应商、供应商的供应商的一切向前关系，与用户、用户的用户及一切向后的关系。供应链的概念已经不同于传统的销售链，它跨越了企业界限，从扩展企业的新思维出发，并从全局和整体的角度考虑产品经营的竞争力，使供应链从一种运作工具上升为一种管理方法体系，一种运营管理思维和模式。

(五)供应链的分类

根据不同的划分标准，可以将供应链分为以下几种类型。

1. 根据范围不同划分

根据范围不同，可以将供应链分为内部供应链和外部供应链。

1) 内部供应链

内部供应链是指企业内部产品生产和流通过程中所涉及的采购部门、生产部门、仓储部门、销售部外部供应链门等组成的供需网络。

2) 外部供应链

外部供应链则是指企业外部的，与企业相关的产品生产和流通过程中涉及的原材料供应商、生产厂商、储运商、零售商以及最终消费者组成的供需网络。

内部供应链和外部供应链的关系在于二者共同组成了企业产品从原材料到成品到消费者的供应链。可以说，内部供应链是外部供应链的缩小化。例如，对于制造厂商，其采购部门就可看作外部供应链中的供应商。它们的区别只在于外部供应链范围大，涉及企业众多，企业间的协调更困难。

2. 根据供应链复杂程度不同划分

根据供应链复杂程度的不同，可以将供应链分为直接型供应链、扩展型供应链和终端型供应链。

1) 直接型供应链

直接型供应链是在产品、服务、资金和信息在往上游和下游的流动过程中，由公司、此公司的供应商和此公司的客户组成。

2) 扩展型供应链

扩展型供应链把直接供应商和直接客户的客户包含在内，左右这些成员均参与产品、服务、资金和信息往上游和下游的流动过程。

3) 终端型供应链

终端型供应链包括参与产品、服务、资金、信息从终端供应商到终端消费者的所有往上游和下游的流动过程中的所有组织。

3. 根据供应链存在的稳定性不同划分

根据供应链存在的稳定性不同，可以将供应链分为稳定的供应链和动态的供应链。

基于相对稳定、单一的市场需求而组成的供应链稳定性较强，而基于相对频繁变化、复杂的需求而组成的供应链动态性较高。在实际管理运作中，需要根据不断变化的需求，相应地改变供应链的组成。

4. 根据供应链容量与用户需求的关系划分

根据供应链容量与用户需求的关系可以将供应链划分为平衡的供应链和倾斜的供应链。

一个供应链具有一定的、相对稳定的设备容量和生产能力(所有节点企业能力的综合，包括供应商、制造商、运输商、分销商、零售商等)，但用户需求处于不断变化的过程中，当供应链的容量能满足用户需求时，供应链处于平衡状态，而当市场变化加剧，造成供应链成本增加、库存增加、浪费增加等现象时，企业不是在最优状态下运作，供应链则处于倾斜状态。平衡的供应链可以实现各主要职能(采购/低采购成本、生产/规模效益、分销/低运输成本、市场/产品多样化和财务/资金运转快)之间的均衡。

5. 根据供应链的功能模式不同划分

根据供应链的功能模式(物理功能、市场中介功能和客户需求功能)可以把供应链划分为三种：有效性供应链、反应性供应链和创新性供应链。

1)　有效性供应链

有效性供应链主要体现供应链的物理功能，即以最低的成本将原材料转化成零部件、半成品、产品，以及在供应链中的运输等。

2)　反应性供应链

反应性供应链主要体现供应链的市场中介的功能，即把产品分配到满足用户需求的市场，对未预知的需求做出快速反应等。

3)　创新性供应链

创新性供应链主要体现供应链的客户需求功能，即根据最终消费者的喜好或时尚的引导，进而调整产品内容与形式来满足市场需求。

二、供应链管理

(一)供应链管理的概念

我国《物流术语》国家标准是这样对供应链管理进行定义的："供应链管理，即利用计算机网络技术全面规划供应链中的商流、物流、信息流、资金流等，并进行计划、组织、协调与控制"。

供应链管理是在现代科技条件下，产品极其丰富的条件下发展起来的管理理念。供应链管理，使供应链运作达到最优化，以最少的成本，从采购开始，到满足最终客户的所有过程，包括工作流、实物流、资金流和信息流等均能高效率地操作，把合适的产品、以合理的价格，及时准确地送达消费者手上。

(二)供应链管理的发展

供应链管理从其萌芽到相对的成熟有几十年的历史，在过去的几十年间，无论是供应链管理的理念，还是供应链管理的应用技术都有很大的发展，其形成与发展主要经历了以下四个阶段。

1. 第一阶段：供应链管理的萌芽阶段

这一阶段的时间在 20 世纪 80 年代之前。在这一阶段，在供应链上的成员企业，其管理理念基本上都集中在"为生产而管理"，市场的竞争表现为企业产品的数量与产品实体质量的竞争，企业之间虽然也存在某些方面的协作，但基本上是一种本位主义的状态，即便是同一企业内部的不同部门也是如此，其组织结构以各自为政的职能化或者区域性的条条框框为特征。在这一阶段，供应链上的成员企业之间合作关系极为松散。"为生产而管理"的导向使供应链成员之间常常存在利益的冲突，链上供方与需方之间更多的是彼此的讨价还价，阻碍了如今意义上的供应链管理的形成。在二十世纪六七十年代，虽然部分企业已经采用了物料需求计划(MRP)这一技术来管理业务，但也只是企业内部各职能部门分别在相互隔离的环境下制订和执行计划，数据的完整性差，甚至在企业内部也很难做到信息上的统一与集成，更谈不上业务链上的标准化与数据流。无法形成如今意义上的供应链运作。在理论的研究上，供应链管理也只仅仅停留在开始探索和尝试阶段，并没有出现一种较为完善的供应链管理理念及指导思想。应该说在这一时期，供应链管理仅仅处于一种萌芽状态。

2. 第二阶段：供应链管理的初级阶段

进入 20 世纪 80 年代到 20 世纪 90 年代初，在理论界的不断探索下，学术研究上得到了较快的发展，供应链管理的理念已具雏形，并开始指导企业进行初步的实践。

实际上，"供应链管理"一词的提出最早出现于 20 世纪 80 年代，最初是由咨询业提出来的，后来逐渐引起人们的关注。在这一时期，企业竞争的焦点已由过去的数量和质量的竞争转向生产效率的竞争。企业内部的职能划分及相应的组织结构也发生了转变，大多数企业开始进行组织机构的精简与改革，从分散式职能化和部门化转变为集中计划式的，并更加关注业务流程的变革。1989 年史蒂文斯(G.C.Stevens)提出了供应链管理的概念，包括了在企业内外部集成的思想，这标志着供应链管理的萌芽阶段已经结束，进入了供应链管理的初级阶段。

供应链管理的实践始于供应链上末端的零售行业，在这一时期，由于社会经济的发展，社会物质资源极大丰富，处在供应链末端的、与消费者直接接触的零售行业的竞争也变得异常的激烈。当时，具有代表性的供应链策略与方法主要有两种：一种是针对功能性(实用性)产品的有效客户响应(ECR)；另一种是针对创新性(时尚性)产品的快速响应(QR)。

20 世纪 80 年代末，制造资源计划(MRPⅡ)的推广、企业资源计划(ERP)和精益管理(JIT)模式和系统的引入与应用，逐渐使企业的内部实现了信息集成，为企业内部供应链上下游之间的业务提供了同步处理所需的信息。与此同时，企业之间的业务联系方式也随着通信技术的发展而不断得到改善，使供应链上的上下游之间传统的业务连接，在市场竞争(需求)的驱使下逐渐向供应链运作方式转变。但在供应链管理形成的初期，供应链管理主要还是集中在企业内部的供应链运作上。

3. 第三阶段：供应链管理的形成阶段

供应链管理的形成阶段大致是 20 世纪 90 年代初到 20 世纪末。进入 20 世纪 90 年代初，

物流概论

特别是 20 世纪 90 年代中期以来，供应链管理无论从理论上，还是在实践应用上都有了快速的发展。在新的经济全球化的竞争环境下，企业更加注重在成本、质量及时间等多种维度满足消费者的需求。企业纷纷将眼光从管理企业内部生产过程转向产品从原材料供应到将产品送到最终客户的整个供应链周期。企业管理的实践者逐渐认识到客户与产品之间的关联是供应链增加生存与获利能力的一种有效方法，供应链管理逐渐受到重视。

同时，企业资源计划(ERP)系统的迅速传播和广泛应用，使企业的信息与业务都实现了高度的集成，企业流程再造(BPR)使企业领导逐步认识到把企业的组织结构与主管人员的相关业务目标和绩效激励机制结合起来可以获得良好的效益。随后高级计划安排(APS)系统、客户关系管理(CRM)系统、物流信息系统(LIS)、知识管理(KM)、数据库(DW)、供应链决策(SCS)、数据挖掘(DM)等管理技术竞相问世，使得企业在内部管理上从计划、执行到优化与决策，都在 ERP 的基础上更进一步，在有限的资源基础上合理、有效、及时地开展业务；在企业的外部供应链上，人们更加重视客户关系管理的理念与技术，以市场和客户的满意度为供应链运营的出发点，共同挖掘和分享知识与价值，企业的资源与客户的需求得到较好的平衡。特别进入 20 世纪 90 年代末，建立合作伙伴关系和协同供应链管理理论以及互联网和电子商务及其相关技术的出现与发展，为供应链管理的实践提供了很好的指导与支持，使供应链管理的实践实现了新的飞跃。

4. 第四阶段：供应链管理的成熟和全面发展阶段

进入 21 世纪后，基于互联网的供应链系统在发达国家得到了较为广泛的应用，电子商务的出现和发展是经济全球化和网络技术创新的结果，它彻底改变了供应链上原有的物流、信息流、资金流及商流的交付方式和手段。全球贸易得到了前所未有的发展，区域之间、国与国之间经济发展的相互依存度进一步的提高，由于各种技术的发展与成熟，客户也把以前梦寐以求的功能当成现在理所当然应该提供的服务而对供应商提出要求。这就要求供应链中的上游企业必须采用专门的技术以解决和满足这些新的需求。许多企业开始将其努力更多地集中在供应链成员之间的协同上，一些新的业务协同模式与技术应运而生，如供应商管理库存(VMI)、协同预测与供给(CFAR)、协同计划、预测与补给(CPFR)、分销商集成(DI)、第三方物流(3PL)、第四方物流(4PL)等；同时，供应商关系管理、产品生命周期管理、供应链计划和供应链执行等系统的运用，使供应链成员之间的合作更加紧密，整个供应链的运作更加协同化。该阶段供应链管理的核心任务主要体现在以下几个方面。

(1) 供应链协同运作的系统化管理。

(2) 生产两端的资源优化管理。

(3) 快速的分布式决策管理。

(4) 不确定性需求信息的共享管理。

(5) 供应链实时的可视性与向前的可预见性管理。

(6) 供应链流程处理及事件处理的监控与能力管理。

三、供应链管理的基本特征

供应链管理的基本特征可归纳为以下几个方面。

(1) "横向一体化"的管理思想，又称"水平一体化"或"整合一体化"，强调每个企业的核心竞争力，清楚地辨别本企业的核心业务，提高核心竞争力，开展那些与企业当前业务相竞争或相互补充的活动。

(2) 非核心业务都采取外包的方式分散给业务伙伴，和业务伙伴结成战略联盟关系。

(3) 供应链企业间形成的是一种合作性竞争。合作竞争理论源于对竞争对抗性本身固有的缺点的认识和适应当今复杂的经营环境。该理论的代表人物是耶鲁大学管理学教授拜瑞·内勒巴夫(Barry J.Nalebuff)和哈佛大学企业管理学教授亚当·布兰登勃格(Adam M.Brandenburger)，他们的代表作是 1996 年合著出版的《合作竞争》。这实际上也是体现出核心竞争力的互补效应。

(4) 以顾客满意度作为目标的服务化管理。顾客满意度来源于顾客对企业的某种产品服务消费所产生的感受与自己的期望所进行的对比。供应链上游企业的功能不是简单的提供物料，而是要用最低的成本提供最好的服务。

(5) 供应链追求物流、信息流、资金流、工作流和组织流的集成。供应链管理强调企业日常经营中发生的这几个流必须集成起来，提高企业间的协调性，只有跨企业流程实现集成化，才能实现供应链企业协调运作的目标。

(6) 借助信息技术实现目标管理。目标管理是以目标为导向，以人为中心，以成果为标准，是组织和个人取得最佳业绩的现代管理方法。目标管理的应用非常广泛，很多人将它作为一种计划和控制的手段，将许多关键的管理活动结合起来，实现全面、有效的管理。

(7) 更加关注物流企业的参与。在供应链管理环境下，物流的作用特别重要。供应链管理强调的是一种从整体上响应最终用户的协调性，没有物流企业的参与是不可想象的。

四、供应链管理的基本内容

供应链管理主要涉及四个领域，即供应(Supply)、生产计划(Schedule Plan)、物流(Logistics)、需求(Demand)。供应链管理是以同步化、集成化生产计划为指导，以各种技术为支持，尤其以 Internet/Intranet 为依托，围绕供应、生产作业、物流(主要指制造过程)、满足需求来实施的。供应链管理的目标是提高用户服务水平和降低总的交易成本，并且寻求两个目标之间的平衡。供应链管理的主要内容包括以下几个方面的内容。

(1) 供应链网络结构设计(即供应链物理布局的设计)，具体包括：供应链伙伴选择、物流系统设计。

(2) 集成化供应链管理流程设计与重组，具体包括：各节点企业内部集成化供应链管理流程设计与重组；外部集成化供应链管理流程设计与重组；供应链交互信息管理。

(3) 供应链管理机制的建设，具体包括：合作协商机制、信用机制、绩效评价与利益分配机制、激励与约束机制、监督预警与风险防范机制等。

【同步阅读 8-1】

海尔集团"一流三网"为核心的供应链管理设计

海尔集团自 1999 年开始进行以"市场链"为纽带的业务流程再造，以订单信息流为中心，带动物流、商流、资金流，海尔集团通过对观念的创新与机制的再造，构筑起海尔的核心竞争力。其中在物流领域，海尔集团创新了一套富有特色的"一流三网"的同步流程模式。所谓"一流"是以订单信息流为中心；"三网"分别是供应链资源网络、配送资源网络和计算机信息网络，"三网"同步流动，为订单信息流引导的价值增值过程提供支持。这"三网"是物流的基础和支持，如果没有这"三网"，那么物流的改造也是不可能的。海尔物流的"一流三网"的同步模式实现了以下四个目标。

(1) 进行为订单而采购、制造等活动，这样从根本上消除了呆滞物资、消灭了库存。目前，海尔集团每个月平均接到 6000 多个销售订单，这些订单的定制产品品种达 7000 多个，需要采购的物料品种达 15 万余种。在这种复杂的情况下，海尔集团通过整合物流，呆滞物资降低了 73.8%，仓库面积减少了 50%，库存占用资金减少了 67%。

(2) 获得了快速满足用户需求的能力。海尔通过整合内部资源、优化外部资源，使供应商由原来的 2336 家优化至 117 家，有力地保障了海尔产品的质量和交货期。

(3) 以 3 个 JIT 方式实现同步流程。所谓 3 个 JIT 是指 JIT 采购、JIT 物料配送和 JIT 分拨物流实现同步流程。目前通过海尔的 ERP 采购平台，所有的供应商均在网上接受订单，并通过网上查询计划与库存，及时补货，实现 JIT 采购；货物入库后，物流部门可根据次日的生产计划利用 ERP 信息系统进行配料，同时根据看板管理，4 小时物料到工位，实现 JIT 配送；生产部门按照 B-B、B-C 订单的需求完成订单以后，满足用户个性化需求的定制产品通过海尔配送网络送达用户手中。目前，海尔在中心城市实现 8 小时配送到位，区域内 24 小时配送到位，全国 4 天以内配送到位。

(4) 以计算机网络与新经济接轨。在企业外部，海尔 CRM(客户关系管理)和 DRP(电子商务平台)的应用架起了与用户资源网、供应链资源网沟通的桥梁，实现了与用户的零距离服务。目前，海尔100%的采购订单在网上下达，使采购周期由原来的平均10天降低到3天；网上支付已达到总支付额的20%。在企业内部，计算机自动控制的各种先进物流设备不但降低了人工成本、提高了劳动效率，还直接提升了物流过程的精细化水平，达到质量零缺陷的目的；计算机管理系统搭建了海尔集团内部的信息高速公路，能将电子商务平台上获得的信息迅速转化为企业内部的信息，以信息代替库存，达到零营运资本的目的。企业自己做供应链物流，一方面意味着企业内部的管理革命，另一方面意味着速度。在接到订单的那一时刻，所有与这个订单有关系的部门和个人，都必须同步地行动起来，即同步流程、同步送达。如果没有同步流程，那么就不可能把订单以最快的速度将商品送达用户手里。

供应链物流给海尔带来了"三个零的目标"的实现，即零库存、零距离、零营运资本。零库存，就是三个JIT，即JIT采购、JIT物料配送、JIT分拨物流，配送中心只是为了下道工序配送而存放制品的一个地方，这使得海尔能实现零库存。零距离，就是根据用户的需求，海尔拿到用户的订单，再以最快的速度满足用户的需求。生产过程是柔性的生产线，都是为订单来进行生产的。海尔在全国设有42个配送中心，这些配送中心可以及时地把产品送到用户手中。零营运资本，就是零流动资金占用。这是因为根据用户的订单来制造，加上"零库存""零距离"就可以做到现款现货，实现零营运资本占用。

(资料来源：万志坚. 供应链管理实务[M]. 北京：北京师范大学出版社，2012)

本章知识结构图

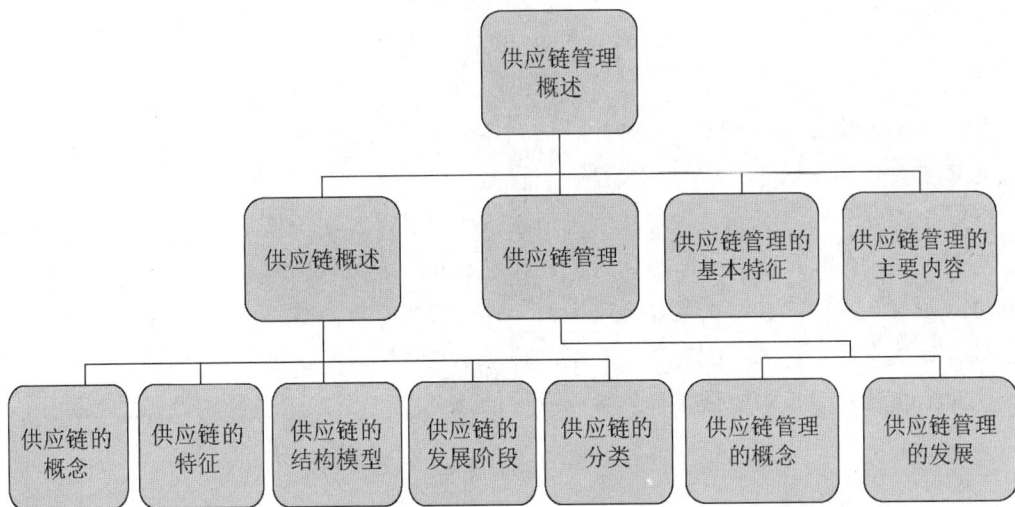

扩 展 阅 读

绿色供应链

绿色供应链的概念最初是由美国密歇根州立大学的制造研究协会在 1996 年提出的，当时提出这个概念的目的，是基于对环境的影响，从资源优化利用的角度来考虑制造业供应链的发展问题。这也就是说，从产品的原材料采购期开始就进行追踪和控制，使产品在设计研发阶段就遵循环保的规定，从而减少产品在使用期和回收期给环境带来的危害。

在当时，绿色供应链只包含了环境保护和能源节约两层含义，就是用最少的能源、最绿色的材料，制造出最环保的产品。

绿色供应链广义上指的是要求供应商其产品与环境相关的管理，亦即将环保原则纳入供应商管理机制中，其目的是让本身的产品更具有环保概念，提升市场的竞争力。例如，知名的运动鞋制造商 NIKE 公司为配合环保诉求，曾淘汰对聚氯乙烯(PVC)作为其产品的主要材料，其原因是聚氯乙烯焚化处理会产生对人体有害的戴奥辛。

近年来，世界经济持续、快速增长。尤其是我国，随着经济财富的增加，消耗的资源也越来越多，资源浪费与环境破坏事件频繁发生。围绕生态环境问题，人类社会提出了可持续发展战略——既满足当代人的需求，又不对满足子孙后代需要之能力构成危害。可持续发展战略将生态环境与经济发展视为人类社会存在的两大基石，两者缺一不可。而实施绿色供应链管理正是将"绿色"或"环境意识"与"经济发展"两者并重的可持续发展的一种有效途径。

为保证绿色供应链绩效评价指标体系的系统性、科学性，在设计这些指标时应遵循一定的原则。

(1) 简单性原则。供应链绩效时，应该选择那些重要程度高、影响大的指标，排除不必要或者重要性比较低的指标。

(2) 全面性原则。选取的指标在满足简单性原则的同时，还应尽可能全面，即可以反映各利益相关者的权益情况。而绿色供应链的利益相关者通常为股东和绿色供应链本身。

(3) 易实施原则。数据收集要比较方便，计算应用也要简单。由于绿色供应链的自身复杂性，致使有的数据很难收集到或者不准确甚至在计算上有困难，这类指标应该用一些简单实用的指标代替，以增强指标体系的应用性。

同 步 测 试

一、单项选择题

1. 我国国家标准《物流术语》对供应链的定义为(　　)。

 A. 生产与流通过程中所涉及将产品或服务提供给最终用户的上游与下游企业所形成的网链结构

 B. 为生产活动的有机组成部分而加以控制和协调

 C. 供应链是执行采购原材料，将它们转换为中间产品和成品，并且将成品销售到用户的功能网链

 D. 通过增值过程和分销渠道控制从供应商到用户的流就是供应链，它开始于供应的源点，结束于消费的终点

2. 我国国家标准《物流术语》将供应链管理定义为(　　)。

 A. 供应链管理，即利用计算机网络技术全面规划供应链中的商流、物流、信息流、资金流等，并进行计划、组织、协调与控制

 B. 为生产活动的有机组成部分而加以控制和协调

 C. 供应链是执行采购原材料，将它们转换为中间产品和成品，并且将成品销售到用户的功能网链

 D. 通过增值过程和分销渠道控制从供应商到用户的流就是供应链，它开始于供应的源点，结束于消费的终点

3. "供应链管理"一词的提出最早出现于(　　)。

 A. 第一阶段：供应链管理的萌芽阶段

 B. 第二阶段：供应链管理的初级阶段

 C. 第三阶段：供应链管理的形成阶段

 D. 第四阶段：供应链管理的成熟和全面发展阶段

4. 全球贸易得到了前所未有的发展，区域之间、国与国之间经济发展的相互依存度进一步的提高，由于各种技术的发展与成熟，客户也把以前梦寐以求的功能当成现在理所当然应该提供的服务而对供应商提出要求，出现于(　　)。

 A. 第一阶段：供应链管理的萌芽阶段

 B. 第二阶段：供应链管理的初级阶段

 C. 第三阶段：供应链管理的形成阶段

D. 第四阶段：供应链管理的成熟和全面发展阶段

5. 供应链管理无论从理论上，还是在实践应用上都有了快速的发展。在新的经济全球化的竞争环境下，企业更加注重在成本、质量及时间等多种维度满足消费者的需求，出现于(　　)。

    A. 第一阶段：供应链管理的萌芽阶段

    B. 第二阶段：供应链管理的初级阶段

    C. 第三阶段：供应链管理的形成阶段

    D. 第四阶段：供应链管理的成熟和全面发展阶段

二、多项选择题

1. 根据供应链的功能模式(物理功能、市场中介功能和客户需求功能)可以把供应链划分为(　　)。

    A. 有效性供应链　　　　　　　　B. 反应性供应链

    C. 创新性供应链　　　　　　　　D. 终端型供应链

2. 根据供应链复杂程度不同可以分为(　　)。

    A. 直接型供应链　　　　　　　　B. 扩展型供应链

    C. 终端型供应链　　　　　　　　D. 外部供应链

3. 供应链的发展经历的阶段包括(　　)。

    A. 物流管理阶段　　　　　　　　B. 价值增值阶段

    C. 网链阶段　　　　　　　　　　D. 早期阶段

4. 下列对供应链描述正确的有(　　)。

    A. 生产与流通过程中所涉及将产品或服务提供给最终用户的上游与下游企业所形成的网链结构

    B. 为生产活动的有机组成部分而加以控制和协调

    C. 供应链是执行采购原材料，将它们转换为中间产品和成品，并且将成品销售到用户的功能网链

    D. 通过增值过程和分销渠道控制从供应商到用户的流就是供应链，它开始于供应的源点，结束于消费的终点

5. 下列对供应链管理描述正确的有(　　)。

    A. 供应链管理是在现代科技条件下，产品极其丰富的条件下发展起来的管理理念。

    B. 供应链管理，使供应链运作达到最优化，以最少的成本，从采购开始，到满足

最终客户的所有过程，包括工作流、实物流、资金流和信息流等均能高效率地操作，把合适的产品、以合理的价格，及时准确地送达消费者手上

C. 供应链管理，即利用计算机网络技术全面规划供应链中的商流、物流、信息流、资金流等，并进行计划、组织、协调与控制

D. 生产与流通过程中所涉及将产品或服务提供给最终用户的上游与下游企业所形成的网链结构

三、问答题

1. 什么是供应链？

2. 供应链具有哪些特征？

3. 在供应链管理的成熟和全面发展阶段，供应链管理的核心任务主要体现在哪几个方面？

4. 供应链管理的基本特征有哪些？

5. 供应链管理的基本内容有哪些？

四、案例分析题

宜家的绿色供应链管理

1. 绿色投入与原材料

宜家家居在投入上强调环境管理，大部分宜家产品原材料(约 70%)是木材或木纤维，要求所有用于宜家产品生产制造的木质原材料均应取自经林业监管专业认证的林带，或经森林管理委员会 FSC(Forest Stewardship Council)等具有同等效力的标准认证的林带。为了保护林业资源，宜家提出了森林行动计划(Forest Action Plan，FAP)，以系统地处理森林事宜。

宜家家居在选择原材料时充分强调环境友好与消费者权益的保护：例如，纺织品和皮革中使用的偶氮染料在某些情况下会释放出对健康有害的芳基胺，宜家的产品中禁止使用含有这些物质的染料；镉是一种无法销毁的重金属，宜家禁止使用以镉作为添加剂的原材料；CFC 和 HCFC 是对高层大气中臭氧层有害的物质，宜家禁止在其产品中使用这些物质；羽绒和羽毛用作枕头和被子的充填物，宜家使用该类原料不是取自活的禽类，而是家禽业的副产品。

2. 对供应商的管理

宜家目前在全球 50 个国家拥有约 2000 家供货厂商，为宜家生产制造行销于宜家目录册和宜家商场内的所有产品。在财政年度 2000—2003 年期间，宜家环境工作的一项主要任

务是帮助改善部分供货厂商的生产环境条件。具体措施是，向宜家提供有关基本要求的文件材料，然后对于要求执行情况进行随后的跟踪检查。生产厂家对于制作材料和生产工艺的选择在相当大程度上取决于宜家提供的产品规格文件。文件内容包含了所有有关限制性规定，例如，对于某种化学成分、金属材料或其他原材料的指定使用。宜家同时对4SEA(4-Point Supplier Environmental Assurance)的环境管理制度作了简化修订。该系统的目的是帮助供货商明确了解他们的生产活动对环境造成的影响，从而鼓励他们以可持续发展的方式组织生产。

3. 绿色运输

宜家货品由外部承运代理负责运输。所有宜家承运代理须遵从环境标准和多项检查，如环境政策与行动计划、机动车尾气排放安全指数等，必须达到最低标准要求。为了减少公路运输中尾气成分 CO_2 的排放，宜家采用 CO_2 排放量较小的货运方式，同时，所有宜家仓库现已连接于或直通于铁路网或货运港口。

（资料来源：王能民，孙林岩，汪应洛. 绿色供应链管理[M]. 北京：清华大学出版社，2005)

分析：

宜家是如何进行绿色供应链管理的？

项 目 实 训

【实训项目：某制造厂的供应链库存管理问题】

某制造厂投资建造了一座高层货架仓库，存放由其协作单位生产的各种零配件，然后运至自动化仓库。该仓库结构分高库和整理室两部分，高库是采用固定式货架与巷道堆垛机结构，从整理室到高库之间设有辊式输送机，当入库的货物包装规程不符合托盘或标准货箱时，则需要对货物进行重新整理，这项工作就在整理室进行。货物的出入库是运用电脑控制与人工操作相结合的人机系统。该库建在该厂的东南角，距离装配车间较远，因此，在仓库与装配车间之间需要进行第二次运输，即将所需的零配件先出库，装车运输到装配车间，然后才能进行组装。自动化仓库建成后，这个高层货架仓库在企业的生产经营中利用率也逐年下降，最后不得不拆除。

【实训目的】

熟悉供应链管理。

【实训内容】

(1)　自行分组：学生自行分组，2～4位学生为一组；

(2)　各组同学分组讨论该企业高层货架仓库在企业的生产经营中利用率逐年下降，最后不得不拆除的原因。

(3)　撰写实训报告，教师根据其给出相应的分数。

【实训要求】

训练项目	训练要求	备　注
掌握供应链管理概念、基本特征和主要内容	通过阅读实训资料，熟悉供应链概念与特征，供应链管理的特征与主要内容	考查学生对供应链和供应链管理知识的掌握能力
某制造厂的供应链库存管理问题分析	通过供应链管理分析，熟悉企业日常供应链管理	培养学生的主动思考能力

参 考 文 献

[1] 叶文，任民援. 第三方物流[M]. 北京：机械工业出版社，2004.

[2] 陈文若. 第三方物流援[M]. 北京：对外经济贸易大学出版社，2004.

[3] 施建国. 第三方物流运作实务[M]. 北京：人民交通出版社，2005.

[4] 钱芝网，施国洪. 第三方物流运营实务[M]. 北京：电子工业出版社，2007.

[5] 陈晖. 现代物流管理[M]. 郑州：郑州大学出版社，2010.

[6] 杨明. 物流管理理论与实务[M]. 北京：中国人民大学出版社，2009.

[7] 冯国芩. 现代物流基础[M]. 大连：大连理工大学出版社，2011.

[8] 王辉. 物流学[M]. 北京：中国铁道出版社，2010.

[9] 吴清一. 现代物流概论[M]. 北京：中国物资出版社，2005.

[10] 周在青. 物流管理概论[M]. 上海：上海交通大学出版社，2008.

[11] 范丽君. 物理基础[M]. 北京：清华大学出版社，2011.

[12] 宋文官. 物流基础[M]. 北京：高等教育出版社，2010.

[13] 李云清. 物流系统规划[M]. 上海：同济大学出版社，2004.

[14] 贾志林. 物流系统设计[M]. 北京：知识产权出版社，2006.

[15] 杨霞芳. 国际物流管理[M]. 上海：同济大学出版社，2004.

[16] 孙国华. 物流与供应链管理[M]. 北京：清华大学出版社，2014.

[17] 万志坚. 供应链管理实务[M]. 北京：北京师范大学出版集团，2012.

[18] 胡建波. 供应链管理实务[M]. 成都：西南财经大学出版社，2013.